だいわ文庫

ひとりサイズで、きままに暮らす

阿部絢子

大和書房

『ひとりサイズで、きままに暮らす』目次

序章　ひとり暮らしを楽しむ5つのコツ

第1章　ひとりサイズの暮らし方

第2章　ひとりの楽しみ

第3章　ひとり暮らしの心がまえ

第4章　ひとり時間のつかい方

第5章　老い支度をはじめよう

序章　ひとり暮らしを楽しむ5つのコツ

ようやく「ひとり暮らし」をおもしろがれる。

長いひとり暮らしでひと息ついたからか。40年かけてやっと慣れてきたからか。ひとり暮らしがおもしろくて、いま、充実している気分だ。

考えてみると、長く続けてくるうちに少しずつコツをつかんできたということだと思う。

そんなふうに見つけた、私なりの「ひとり暮らしを楽しむコツ」が次の5つだ。

1　ひとりのきままさを楽しむ

ひとり暮らしの何がいいのか、と聞かれたら即答できる。

なんでもきままに決める自由が持てることだ。食事なら、好きなものを好きな時間に、好きに食べられる。昼寝も、夜中に仕事をするのも、誰にも遠慮がいらないのだ。

これを楽しまない手はない。

私は大学に入学したとき、学校指定の下宿で同級生と同室になり、初めての他人との暮らしに勝手がわからなくて始終ギクシャクしていた。もしかしたら相手も同じだったのかもしれない。彼女のほうが音を上げて引っ越したのを機に、ひとり部屋へと移り、せまい3畳の下宿ながらきままであった。

これで味を占めたのだが、社会人になると今度は妹との二人暮らし。妹といっても6歳差があり、彼女とは考え方や趣味、食べ物の好みなども違っていたので、とても一緒に暮らしたくないとお互いが感じていた。だが、お互いにひとり暮らしをする勇気を持てないでいた。

その後、さらに私の友人も加わって三人暮らしに。暮らしのリズムが違う者同士の同居はやっぱり難しいとの思いが強まっていった。

夜型の私は夜遅く帰宅するが、すでに彼女たちは就寝しているから、当たり前だが起こしてはいけないと気をつかう。家が広ければ何ということもないが、1DKではそうはいかなかった。

ひとり暮らしは、こんなふうに同居者に気をつかう必要がない。**起床時間、朝ごはんを食べるか食べないか、洗濯はいつするか、掃除は誰がするかなど、生活**

を擦り合わせる苦労が全くないのが、気ラクでいい。

2 自分流の暮らしのリズムを作る

ひとり暮らしを楽しむには、「暮らしのリズム」を作っていくようにする。**暮らしのリズムとは、言い換えれば自分ルールのこと。**自分ルーティーンといってもいい。

ひとりだと、「どうせ○○だから」と、ゆるみすぎてしまうことが多いからだ。たとえば食事。ひとりだから適当に食べればいい、手作りせずに弁当や総菜の出来合いを買えばいいなどと、自ら食生活のリズムを狂わせてしまいがちだ。身体は正直だから、それに応えて、疲労や風邪、便秘や下痢、肌荒れや皮膚の乾燥などの不調があらわれることになってしまう。

朝○○をする、寝る前の○○、バッグには○○を忘れないなどの小さな自分ルーティーンが「暮らしのリズム」だ。これは自分用なので、人と違っていい。いいや、人と違うのがいいのだ。自分で決めたルールで一日がうまく運んだり、気持ちが上がったり、動きがよくなったりすることが大切だ。

ルールといっても、できないもの、やりたくないものを決めても続かないし、気持ちも乗らない。

また、たくさん作りすぎてもダメだ。多すぎるとルールばかりにとらわれすぎて、かえって適当になってしまう。ルールは少なくても、キチンと刻めるリズムのほうがいいと思う。

たとえば、私のリズムは――

1　朝起きたら、コーヒータイム。これで目が覚める。さあ、一日の始まりだと弾みをつける。飲めないときは喫茶店で飲むことにしている。朝の一杯は、私にとって重要な一杯。

2　戦いのシャワー。私の入浴には、「戦いのシャワー」と「楽しみの風呂」の2種類がある。仕事に出かける朝は、必ずシャワーだ。戦う前の身震いのような感じで、ササッとすませて身体を清め、それから仕事に向かう。シャワー時間は掃除を含めて、5～10分。

3　食事は一日2回（13時過ぎと19時半頃）。

私は、小さいときから朝起きが苦手だった。義務教育中はしかたなく起きて学校に通っていたが、できれば早起きはしたくない。朝起きられないので、朝ごはんは無理だ。牛乳と果物くらいを口に入れて出かけることが、小さいときからの癖だった。

その代わり宵っ張りで、夜はいつまでも起きていられる。それも癖として習慣になってしまっている。そうなると、自慢じゃないが食事は2回しか食べられない。

朝起きられない、食べられないなら、無理することもなし。ただでさえ忙しい朝の時間、ここは目をつぶって、手を抜いても支障なしにした。サッサとすませられるコーヒーと果物で充分として、それも時間がないと省略する。その代わり、昼と夕にはシッカリとることにする。

こんなふうに自分ルールでリズムを作ると、暮らしの動かしがうまくいく。

3　不安や悩みの自己処理方法を持つ

ひとり暮らしでは、不安や悩みの自己処理方法を持つことが大切だ。これがあると、悩んだときもグズグズと長く抱え込まなくてすむ。

とはいえ私自身、これに気がつくまでにはいろいろあった。

以前、とても元気だった友人が、脳幹出血を起こして突然倒れた。それまでは、海外にオペラを聴きに行き、仏画を習い、自転車で走り回っていた人だった。

あまりに突然のことに驚きを通り越し、「もしかしたら自分も……」と怯えてしまった。不安は怯えと一緒に広がり、身体、気持ち、脳までも不安に支配されてしまった。

不安とは「見えないオバケ」だと思う。出もしないのに、先回りして出たときを想像して怖がったり、怯えたりする。

いつまでも不安を抱えたまま暮らすのは嫌だなと思いながらも、不安解消の糸口が見つからずにいた。楽しいことを考えたり、好きなことをしたりと気を紛らわせるものの、どうにもできずにいた。

実際の彼女はというとシッカリして、数か月のリハビリから戻り、気丈にもひとり暮らしを続けていた。彼女に会うと、私のほうが励まされていたが、それでも心に潜んだ怯えはなかなか消えなかった。

考えた末に、「自分流のオバケ解消法」なるものをもてばいいのだと思った。

私の場合は、怯えさせているものは何かを書き出し、吐き出す方法だった。**「なぜ、どこが不安なのか」「もしものときはどうしたいか」「その具体的な方法」などを紙に書き出してみた。**すると、不安や怯えが徐々に消えていった。道筋を見つけないままにして想像ばかり膨らんでいたから、不安が増していたのだ。

具体的な道筋をつけて考えること、それがひとり暮らしには必要なのだと思う。その道筋のつけ方は、人によって違っていい。近しい人に話す、専門家に話す、紙に書く、パソコンに入力するなどいろいろと方法はある。

「どうしたい」をハッキリさせるのが大切。ハッキリさせないと不安は残るし、抱え込んだままになる。頼りは自分自身だ。厳しいようだけど、自己処理が唯一の道で、ほかに道はなし。

どんなときでも、どんなことでも、正体をハッキリさせておけば、オバケが背中にへばりつくことはないのだ。

4　苦手なことができなくてもガッカリしない

「できること」「できないこと」をハッキリさせるのも肝心だ。これは仕事だって一緒。**できないことに無理して取り組んでも、結果が完敗では、気持ちのほうがついていかない。**

誰にでも上手・苦手、得手・不得手はある。

自分の上手・苦手を知っているかどうかで、ひとり暮らしにもハリと楽しみが持てる。

たとえば、私は掃除が苦手だ。ひとりだから、多少部屋にホコリがあってもどうということもない。

だが、同じひとり暮らしの友人宅はいつ行ってもキレイ。それはあの人は掃除が上手だからで、私は苦手だからあそことは違う、と受け止められる。自分の苦手を知らずに、ひとり暮らしは完璧に掃除ができて当たり前だなどと思ってしまうと、友人宅との差にガックリしてしまう。

もし、知らずに何かに取り組んでみて、できなかったとき気分はどうだろう。**やる前から苦手と知っていれば、少々できなくても気持ちが落ち込んだり、滅入ったり、嫌になったりはしない。**

できることがキチンとできれば、それこそ気持ちにもハリが出ること間違いなしだ。

5 無理はせず、他人の力をどんどん借りよう

重い家具を移動させる、高い所のモノを取る、工具を使って修理するなど、ひとりでは難しいこともある。

そうした難しいことは、無理することはない。依頼できる所があれば、頼んで

しまおう。私の場合は、管理人さんにお願いするか、修理などは工務店に頼むことにしている。

もちろん、これまでも自分でやってきたならいいのだが、**どうせ時間があるから、頼むとお金もかかるからやってみようなどと、後から突然やるのは無茶というものだ。**重いモノで腰を傷める、高い所から転落する、工具で怪我するなど、無茶をして身体を傷めては大変だ。

それよりも、いまできることを一生懸命するほうが、達成感も得やすい。キッチンをキレイにする、トイレをキッチリ磨く、玄関整理をする、一日の終わりに食器の片づけは残さない、冬衣類にブラシを丁寧にかけるなど、これまでやってきたことをより丁寧に、一生懸命やってみる。

そう、無理せず一生懸命にこだわってみよう。一生懸命できること、なんでもいいのでそれにこだわるのだ。反対に、難しいことは他人の力を借りていいと割り切ろう。

私はひとり暮らし歴40年の筋金入りだが、たとえ年を重ねて突然ひとりになった場合でも、この5つさえ心に留めておけば、ひとりの暮らしは勝手気ままでいいものだ。

本書では、ひとりで快適に暮らすためのしくみ化や、片づけのコツ、衣食住をサイズダウンしてラクするヒント、老後のひとり暮らしを楽しむ私なりの方法について紹介していきたい。

年を取っても、無理せずに、人生も暮らしも楽しめるはず。

第1章 ひとりサイズの暮らし方

〝快適な暮らし〟ってなんだろう？

ひとり暮らしはラクできままだと私は言い切った。

しかしきままが行き過ぎると、誰にもチェックされないがゆえにひとりライフは暴走しかねない。

満喫するには、暮らしを快適に整えることから始めよう。

ひとり暮らしの仕方は千差万別。世帯数と同じ数ほどの暮らしがある。同じ地域、同じ年齢といっても、その暮らしは一様ではない。違って当たり前だと私は思う。

暮らし方は違ってよいのだが、いろいろな人に求める方向を聞くと、あれ、みんな同じようなものを求めている。

「快適な暮らし」である。

病気でも、経済的なゆとりがなくても、暮らしは快適にしたいと多くの人が思っている。では、現実に快適な暮らしをしているかと聞くと、多くの人が叶えられていないと答える。う～ん、どうしてか。

もしかしたら、理想だけを高く掲げて、暮らしの現実をあまり深く考えてはいないのかもしれない。

とりあえず住める、とりあえず眠れる。暮らしなんてそれができていればいい、仕事に比べたら大した問題でもない、忙しくてそんなことどうでもいい、などというのではないだろうか。つまり、私が知る限りのヨーロッパの人たちに比べたら、暮らしに対する意識が希薄なのかもしれない。

自分の暮らしや生活なのだから、もう少しじっくり考えるといいのではないか。

特にひとり暮らしは、家にいる時間が年とともに長くなって、気分の切り替えがしづらくなるからこそ、家を居心地のいい場所に整えておきたい。

◆家の居心地が毎日を変える

あるひとり暮らしの女性の家を訪問したときのことだ。

玄関を開けたら、真っ先に目に飛び込んできたのが洗濯機。そこには、山になった洗濯物と、ぶら下がったタオルだ。

部屋に通されたのだが、足の踏み場がなく、座るところもない。床一面にモノ、それも区分けして置いてあるのではない。布団は敷きっぱなしで読みかけの雑誌や本が散らばっている。ソファーの上は脱ぎっぱなしの衣類の山。風を通すはずの窓は洗濯物でふさがれて……。キッチンについての説明はやめておきたい。

この状態の家、仕事から帰ってドアを開けたときに居心地はいいのだろうか？彼女いわく「もう居心地は手放している」とのこと。

でも、**居心地のよさなんて、簡単に手に入れられる。**

とにかく手を動かしてみよう。床を見える化し、窓から風を入れるのだ。これだけで家の居心地は違ってくる。敷きっぱなしの布団を畳むだけで、床が見える化できる。散らばった雑誌や本を定位置に戻す。さらに床が見える。洗濯物だって、衣類だって、脱ぎっぱなしで放り出しているから床が見えない。畳んで積めば、床は見えてくる。ドンドン床を見える化して、70％の床が見えたら「ああ～快適！」と彼女が言ったものだ。

家での居心地がよくなれば、気持ちが弾み、おいしい食事にチャレンジでき、仕事もがんばれる。つきあいにも余裕ができ、友人を家に呼べて、交流も活発になる。帰るのが楽しくなり、日々が快適になるのだ。

◆苦手なことほどしくみ化しよう

海外暮らしをしていた友人の家に行ったときのことだ。

せっかくの海外の広いキッチンカウンターの上に、メモ用紙、予定表、料理レシピや切り抜き、チラシ、新聞などの紙類が散らばっていた。

私は、もっと広々させると気持ちがよかろうと思い、私のバロメーターでカウンターの上を勝手に片づけてしまった。

もちろん捨てるのではなく、ファイルして整えた。そうしたら、「あの散らかりで私はどこに何があるかがわかるのよ」と怒られてしまった。

たしかにそういうタイプの人もいると思うので、勝手に片づけてしまったのは悪かったなと反省した。

ただ、いま思うと、もしかしたら彼女は整理できていないことを私に責められたと感じたのかもしれない。

本当は誰しも快適が好きなはずだ。でも、この快適をうまく自分で作り出せない人だっている。誰にでも得手・不得手があって当たり前だからだ。

それなら自分の得手・不得手を見極め、どうしたらうまくできるか考えて、しくみをととのえるといい。

苦手なことほど「しくみ化」すべきなのだ。しくみにしてしまえば、ちょっとの労力ですませられる。浮いた時間も労力も、ほかのことに使えるのでいい。

私は家事の中でも掃除が苦手なので、負担にならないしくみを作った。

まずは水回りのしくみ。

シャワーのときは、絶対に立ちシャワー禁止にした。というのも、シャワーは立って使うものだと考えると思う。私もかつてはそうだった。

だが、立ってシャワーを使うと浴室中に水滴が飛び散る。これは浴室全体をカビさせる元だ。浴室中に飛び散った水滴をすべて取り除くのは至難。

そう考えたときに気がついたのだが、座ってシャワーをすると、座った範囲内に水滴が残るだけなので、とても始末がラクになる。座っている周り60㎝ほどの高さの水滴を取り除けばいいしくみ。シャワー使用後、スクィージーで水滴を上から下へと落とし、排水口へと移動させる。さらに、その後をマイクロファイバークロスで拭き上げる。5分とかからないのだが、ここまで丁寧に水滴除去をすれば、20年間カビ知らず。

もう一つはトイレ。使用後は必ずボール内をブラッシングしている。ここだけは一生懸命。その他、水受けや便座などは月1回の拭き掃除だけでいい。

居室の床は隅にホコリがたまりやすいので、気がついたときにハンディタイプのブラシとチリトリでサッと掃いておく。そうすれば、頻繁に掃除機をかける必要がなくなる。

負担にならないしくみで家事をラクに

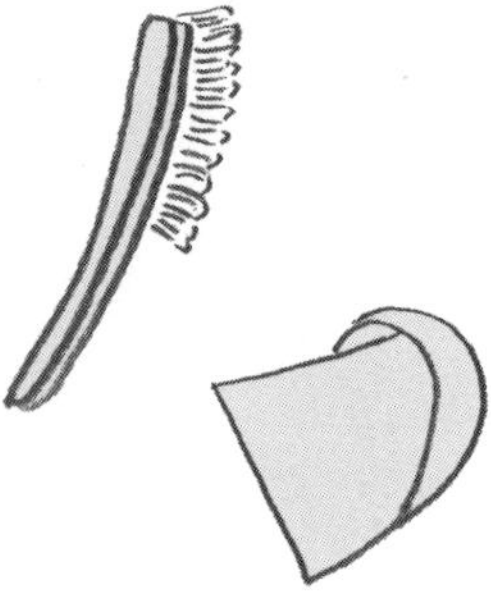

居室掃除

部屋の隅などほこりがたまりやすい所は、気づいたときにブラシとチリトリでさっと掃いておくだけで掃除機をかける回数を減らせる。

トイレ掃除

使用後は便器内をスウェーデン製ブラシでひとこすり。その他の掃除は月１回でいい。たたんだトイレットペーパーにアルコールを吹き、便座まわりや床、壁を拭く。

風呂掃除

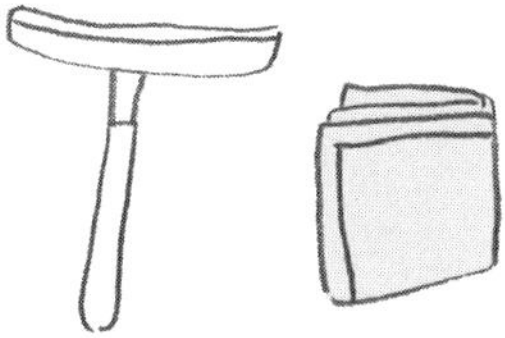

シャワー後は壁や鏡についた水滴をスクィージーで排水口に落とし、マイクロファイバークロスで鏡やパッキンを拭く。

着替えは洗面所で

着替えはすべて洗面所で済ませる。繊維が落ちるのが1か所になり、掃除がラクになる。

衣類については、脱いだ後のしくみと場所が肝心。洗面所をドレッサー場にして脱ぎ着し、衣類にシミがあればその場ですぐに取り除く。風を通し、ブラッシングして、しばらく吊るして寝かせた後クローゼットにしまう、これが一連のしくみ。わざわざ衣類を手入れしようという時間はもっていない。また、服の着脱で繊維が落ちるのが洗面所だけになるので、掃除もラクになる。

しくみを作るのは簡単だ。

自分にとって気持ちよいしくみができれば、生活の快適性はすぐに手に入り、家の居心地がよく、暮らしが楽しくなる。

◆モノありきで暮らしを考えない

ひとり暮らしは誰かと一緒に住む場合に比べてモノが少ないはずだ。**少ないモノなら快適性が維持できそうなものだが、そうもいかない。**

モノの持ちすぎはゆくゆく厄介なことになると頭ではわかっている。

モノのサイズだって、ひとりなのだから小さくていいし、むしろなくてもいいくらいの気持ちをもてればいいのだが、じっさいはモノにあふれた暮らしになりがちだ。

ある掃除嫌いの友人が、自動掃除機（通称・お掃除ロボット）なら好き勝手に掃除してくれるだろうと考えて購入してみた。しかし、この自動掃除機の集塵器がとても小さく、いつも集塵器の掃除に追われ、かえって手間がかかることがわかり、困ってしまった。

友人は次々と掃除機を買い替え、経済的な負担はかかるのに掃除嫌いは一向に解消しなかった。ついに彼女は自動掃除機よりほんのちょっと集塵容量の大きなコードレスハンディ掃除機を買ってみたが、それでも掃除嫌いはなくならないという。

それもそうだ、掃除嫌いが無理に掃除機で掃除しようとするから間違いなのだ。

掃除が嫌いなら、掃除機を購入する前に、床材質を考慮の上でまずはホウキを買い、目立つところの汚れだけをちょいちょいと掃いてすませる。これで掃除する気持ちの負担は軽くなる。掃除は掃除機でないとできないと思い込んでしまうと、道具が進化すれば掃除負担も解消すると勘違いし、ますます嫌いになるのではなかろうか。

生活用品は、最初にモノありきで考えると、スタート時点からモノが多くいる。そして行く末までモノを増やし続けることになるのだ。

ひとり暮らしのスタートは、まずモノを持たないところから始めるといい。しばらくして自分の暮らしが落ち着いてきたところで、本当に必要なモノは何か、選別に次ぐ選別をして取り入れていけばいいのだ。

もし掃除機を使うなら、大きいサイズのほうが集塵力が大きくてゴミ捨てや手入れの回数が減り、掃除嫌い解消に一役買う。反対に、冷蔵庫は大きいサイズよりも小さいサイズのほうが、早く中身を消化できて、入れ忘れや食べ忘れもなく、食品がムダにならない。こうしてモノは、自分の暮らしに合うよう厳選に厳選を重ねながら、暮らしを快適に整えていくことが大切だと思う。

先にモノありきといった考えは捨ててしまおう。

◆暮らしのモノにトコトンこだわる

暮らし上手はスキッとしている。

多くのモノは持たず、室内はキレイに整っている。身だしなみもよく、いつも清潔感が漂っていて、香水など付けなくても爽やかな匂いまでするようだ。

暮らしは、100人居たら100人とも違う。なぜなら姉妹でも親子でも、ちょっとした好みまで全く瓜二つということがないからだ。誰ひとりとして同じ暮らしをしている人はいない。違って当たり前なのだ。

暮らし上手の共通点があるとすれば、トコトン暮らしを徹底すること、言い換えると暮らしにこだわりを持っていることだ。

たとえば、いい加減に家具を買わない。徹底的に自分が気に入る家具を探す。テーブル一つ、イス一つにもこだわりを持っている。そして、**徹底してこだわり、買い求めた家具は徹底して使う。**これも暮らし上手のこだわりだ。

衣類なども苦労してやっと探し求めたものは、いい加減な着方などできるわけがない。手入れにだってこだわる。一度気に入った衣類は、再び同じものが手に入るとは限らない。それなら丁寧に、大切に、最後まで着てあげるのが衣類に対しての礼儀だ。

しかし、残念ながら衣類は流行遅れにもなっていく。それでも普段着にして着ることにすれば、日常暮らしがより素敵になる。着ているものがどうでもいいと、気持ちまでどうでもよくなり、毎日だって楽しくないのだ。

何気ない日常を盛り上げるのは、使っているもの、着ているもの、持っているものなど、日々身のまわりにあるモノだ。

ひとり暮らしの場合は特に、毎日を気分よく過ごすためにも、気に入ったモノに囲まれているといい。雑なモノたちに囲まれていると気持ちも雑になる。ガサついた気持ちで暮らすのでは、日々が楽しくない。

たった一つのイスもこだわって探し、丁寧に使えば、その存在があるというだけで暮らしは品よく、心地よく進む。**少々嫌なことも、イス一つあるだけでなごめる。**そんなモノたちに囲まれることが暮らしを上質に変える力になるのだと、私は思う。

いいものをトコトン使う

客間にある210×95cmの座卓はお気に入りの一点物。こだわって選べば家具一つにも愛着がわく。

ひとり暮らしのムダに気づくには？

仕事の帰り道、知らない人から声をかけられた。

「あの〜、阿部さん？」そうだと返事をすると、いきなり「私は片づけができないのですが、どうしたらいいか？」と道端で質問を受けた。

彼女は体操の帰りで、疲れてヘトヘトだという。

ともかく小さなスペースから、要るか要らないかを決めていくのが早道ということまで言ったが、この疲れようでは片づけなんてしないだろうなと思いつつ、ちょっとおしゃべりした。

彼女のように**片づけられないという人は、暮らしの小さなムダが多い**と私はにらんでいる。小さなムダというのは、使い切れないであろうモノだ。ひとり暮らしは他人の視線がないので、特に小さなムダに気づきにくい。

人によって違いはあると思うのだが、私の場合はそれが「レジ袋」だった。当時はレジ袋が無料だったから、つい、もらいすぎてムダにしていた。

いまでこそ使い切れる量を維持するようになったが、少し前はムダに気がつかず、うかつだった。**「無料＝得をした」という感覚でいたのだが、使い道がなければ実はムダなのであった。**

いまでも割り箸、スプーン、ストローなど無料のモノを店頭で多く見かける。使わないならムダになり、ただ溜まるだけだ。手を出さないようにしたい。

ムダはまだある。あるお宅で片づけをしたとき、なぜか「お茶漬けのもと」がドッサリと出てきた。どうしたのかと尋ねると、「家にあったかどうか怪しくて、つい買ってしまった」という。毎日過ごすキッチンのはずなのに、どうして私たちは見落としてしまうのだろう。なかには賞味期限切れまであって、これではお金までムダにしている。食品で言えば、いただきものなどをダメにするケースもある。

「使わないモノはムダだ」という考え方をしなければいけないと思う。

レジ袋は石油、エネルギー、労力から作られているし、紙や割り箸も木材、エネルギー、労力を費やして作られている。食品に至っては、水や土壌も消費している。

それらを持ち込んでおいて使わないことは、費やされた天然資源を眠らせてしまうことでもある。大いなるムダを家に入れれば、家のスペースまでも眠らせることになってしまう。

レジ袋は買い物袋を持参し、割り箸は自分の箸を使い、食品は毎日チェックをすればムダを出さずにすむのだ。

◆不要なモノは「家の中に持ち込まない」

部屋を片づけて快適にしても、あっという間に元の木阿弥となっては困る。それでは快適を作る意味も薄くなる。快適はキープされてこそ快適というわけなのだから。

しかし、ほとんどの人が一度快適にしたらあとはそのままだ。これではすぐに元の木阿弥になる。

じっさいのところ、キープしていくほうが大変なのだ。いったん床面積の70%まで見える化に成功しても、前と同じ生活習慣を続けていたのではすぐに元に戻ってしまう。

そうならないために、生活のしくみを作り、快適がキープできる習慣を身につけることが大切だ。

モノはひとりでは歩いてこない。自分が家に持ち込んでいるのだ。

家に持ち込む前に、要る・要らないをその場で判断すること。なんでも日々判断していけば、暮らしのスッキリは得られる。

たとえば、郵便受けに入ったチラシ。一階に住んでいるならドアまで歩く間に、二階以上ならエレベーターが到着する間に、要る・要らないを判断し、ドアを開けたらゴミ箱に直行して廃棄する。このように、日々判断していくしくみを作るのが必要だ。

新聞や郵便と一緒にムダなチラシまで持ち込み、それをテーブルの上に積み重ね、テーブルがドンドンせまくなっていくのは避けたい。

ある友人は、こうした判断を年に一回しかしないという。だからテーブルの上にはいつもモノが積み上がり、ごはんを食べるスペースさえなくなるときもあるという。そうした散らかり暮らしや乱雑生活に耐えられる人もいると思うが、私は耐えられない。もちろん、それを見て見ぬふりする人と一緒には暮らせない。

でもそうした人も、考え方を一つ変えればムダを省いてスッキリ快適に暮らせるようになる。私の妹がそうだ。

少し前まではとにかく家中散らかり放題、どこを見てもモノだらけだったが、あるとき親友が訪ねてきて、その散らかり具合が見苦しいと進言した。すると、あっという間に要る・要らないの判断を下していき、家中が見違えるほどに快適スッキリへと収まった。

誰だってスッキリ暮らしたいと思いながら、実現できていないのが現実だが、それを解決するには来客は最良の決断チャンスでもある。

どうにかしたいけど自分では実行できない人は、一番苦手であろう「客を招いてみる」考え方を持つといい。きっとスッキリすること間違いなしだ。

◆片づけは気持ちの整理から

シンプルな暮らしを実現するには、まずはモノの片づけからだ。

しかし、多くの人は片づけが大の苦手。

その要因の一つは、片づけ＝捨てることだと思い込み、そう簡単にモノは捨てられないと思うからではないだろうか。たしかに片づけは多少不要なモノが出るが、捨てるのは最終的な手段であり、その前にすべきことが山ほどある。

第一、ただ捨てればいいのなら多くの人たちは苦手意識など持たないかもしれない。片づけが苦手になるには、もっと別の要因があるはずだ。

それは、「気持ちを整理すること」と繋がっているからだと私は思う。

片づけは、時とともに変化する気持ちを整理し、この後どう過ごすかを考えることを含んでいる。

単純にモノを整理するだけではなく、それまでの人生と、これからの人生へと繋がるモノといかに過ごそうかという、気持ちも一緒に整理しなければならないのだ。どちらかといえば、この気持ちの整理がうまくできずに苦手意識にとらわれてしまう。10年前の気持ちと、これから先の10年後を暮らす気持ちが同じならば片づけも簡単かもしれない。

でも、10年前の気分のまま持っていたモノがいまどうなっているか、あるいはどうすればいいのか、ここに悩みがある。加えて、これから先10年の暮らしを考え、気持ちと一緒にモノまで整理するというのだから、けっこう大変な作業である。

その上、もしモノを手放した後でもう一度手元に置きたいと思ったらどうしようと悩む。そうなると整理は進みづらく、モノが手放せなくなる。

そのうちさらに時は進んであっという間に10年が経ち、空間をモノであふれさせることにもなる。そして快適性はドンドン失われていき、悪循環に陥ることになる。

時間の経過による気持ちの変化を整理し、空間づかいをどうするかを考えるのが片づけなのだ。

いま必要なモノを、現在の空間で、あるいはもっとせまくなる空間にどう残し、使いこなしていくかを考える。これまでの必要とこれからの必要の違い、この二つを繋ぐ気持ちを整理しなければ片づけはうまくいかず、途中で投げ出すことになる。

友人が言う。「モノを持ちすぎるのは贅沢なんかじゃなく、その逆で貧乏性。大事にしている食器はしまいこんで使わない。不要とわかっていてさえ捨てられない。なんというもったいないことをしていたのだろうか」

片づけは、まず気持ちを整理する。そして、これから先の暮らしや生活をどうしたいのかを考えることから始めるのが一番だ。

◆空間の使い方を見直そう

気持ちを整理すると、片づけるべき空間が見えてくる。何より、これから先の自分の暮らしや生活の姿がわかってくる。

今後の自分に合った空間活用がわかると、片づけが進む。先の友人のように、何てもったいない空間づかいをしていたのか！　と気がつくのだ。

そして、これからはもっと空間を有効に活用していきたいと思うはずだ。

私の実家は、4世代分の暮らしのモノを片づけもせず、上に積み上げていた。しまいきれないモノ、たとえば母の衣類などは、風呂敷に包み廊下に置いて出し入れする有様だった。

押入れ、納戸、廊下の隅など、空間という空間は、先祖がかつて使っていたモノで埋め尽くされ、明かり取り用の空間でさえふさがれていた。これでは現在暮らす母のモノを収納する場所などなかったわけだ。**すでに鬼籍に入った者にスペースを取られているとは滑稽である。**

実家の片づけをしたことで、いかに空間づかいの見直しが必要かと実感した。

◆「もういらない」を即断する5つのポイント

あるお宅に伺ったときのことだ。

玄関を開けると、目の前には乱雑にモノが置かれた光景。自転車、壺、傘立て、新聞の束、脱ぎ散らかした靴など、目を覆うばかりだ。

リビングと納戸がまたすごかった。リビングは足の踏み場もないくらいに衣類、ビデオテープの山、月刊時刻表、雑誌、新聞、手紙など、数えきれないほどのモノが散らばり床面をふさいでいた。納戸はといえば着物を入れてある和ダンスの引き出しが開かないほど、段ボールが山と積み上げられていた。

生活への不満、不都合、不便はこの上なく、せっかくの開放的な窓も開かず閉め切ったまま。室内は湿ってホコリっぽい空気が充満し、そのせいかどうかはわからないが、この家の主婦は骨折し、さらに家中が汚れて臭いのある状態となっていた。

家の主はといえば、こうした不都合、不便、不満を解決したかったそうだが、当の本人がモノを多く持ちすぎていたことがもっとも不都合や不便を作り出していたのである。

実際にモノの一つひとつを取り上げて、要・不要を判断しながら床面積を広げるように見える化していった。

そのときに提示した、「不要」を即断するためのポイントは次の5つ。

① この5年間一度も使用しなかった
② 存在すら忘れて見過ごしていた
③ さんざん使用して修理できない、できてもお金がかかる
④ デザインや機能が古い
⑤ 未練や物語のない思い出のモノ

この5つのうち2つ以上チェックがついたら、それは不要と判断する。不便、不満を感じたらすぐにこのチェックをして、何が不要かを洗い出すことが即解決への道を作る。

まずは不満が何かを洗い出して、解決するために一つひとつを判断していくことだ。ひとり暮らしの場合はなおさら自分しかいないから、チェックリストを作って見直してみるといい。

片づけ上手への道！

その1　気持ちを整理する

その2　空間づかいを見直す

その3　いらなくなったものを処分する

「もういらない」を即断する5つのポイント

① □この5年間一度も使用しなかった

② □存在すら忘れて見過ごしていた

③ □さんざん使用して修理できない、できてもお金がかかる

④ □デザインや機能が古い

⑤ □未練や物語のない思い出のモノ

このうち2つ以上チェックがついたら、不要と判断する。

◆「なんでも指定席」を決めよう

ところで、お宅は押入れやクローゼットに何を収納しているか、すべて把握しているだろうか。

モノを収納するスペースである押入れ、クローゼット、タンス、物置、食器棚、本棚、サイドボード、引き出しなどの中には、暮らしや生活を動かすのに必要なモノが収納されているはずだが、そうしたモノの置き場所をすべて把握して、すぐに使用できる状態で収納しているかというと、どうだろう。

快適度をアップさせるポイントは、収納すべきところにモノが収まり、そこからはみ出さないことだ。

収納場所の外には、家具や調度品といったモノ以外は置かないほうがいい。

室内を広く使えるようにすることで風の通りをよくし、歩きやすく、動きやすく、何をするにもラクに暮らせる空間になる。

収納は、そのための必要スペースともいえる。掃除道具の収納一つとっても、日本の家にはその場所さえ確保されていないので、「モノは持っているが収納空間に困っている」という状態なのだ。

その上、社会や情報に誘いこまれ、暮らしや生活を動かすモノを持ちすぎている。

収納スペースに入れても入れたモノを忘れ、入りきらないと収納の外にはみ出させ、床面はふさがれて室内は歩きにくく、動きにくく、快適性を損なっている。そんな収納づかいをしている人がとても多く見られる。

これは収納スペースを上手に使えていないというより、自分の暮らしや生活を動かすのに必要なモノを把握しておらず、それゆえにモノの指定席が決まっていないことが一因だと私は考えている。

自分の暮らしなのだから、選んだ持ちモノはすべて把握し、それぞれに指定席を作っておけるといい。

たとえば、どんなに小さい爪楊枝一つにしても、ポケットティッシュ一つでも指定席を決めておく。収納スペースに入れたモノは、フタをしたり戸を閉めたりすると外からは見えなくなるだけに、中のモノにはすべて指定席を作り、入れたモノを把握しておくことが必要なのだ。

そのためには、持ちモノは少ないほうが把握しやすいし、指定席も決めやすい。

自分の暮らしに必要なモノは何か、どれくらい要るのかを厳選していけば、暮らしはドンドン快適に近づいていく。厳選せずに、社会や情報、欲望にまかせて考えもせずにモノを取り込んでしまうと、暮らしは限りなく不快へと近づいてしまう。

自分の暮らしだから、自分でモノを選んで**「なんでも指定席」**を決めていくようにしよう。

ちなみに、快適に暮らすには掃除は不可欠だと思うが、そのための道具収納はどうなっているかと見回すのはどうだろう。

私は、いつも思うことがある。**ヨーロッパでホームステイに行くお宅では、どの家にもちゃんと家事道具スペースがあるのだ。**

イタリアでは、見事な生活道具スペースに出会い、感動さえ覚えた。そうした家事道具スペースに出会うたび、なぜ日本にはこのスペースがないのだろうと考えてしまう。

その答えは一つ。これまでは「家事なんて、どうせ」という意識だったからではないだろうか。

しかしいまでは家事は女子が担うものという考えにも変化が起き、男子も家事ができなければ暮らしが成り立たなくなっている。「男性学」の研究者まで登場する時代になっているのだ。

私がホームステイしたイタリアのお宅は、お父さんが料理もすれば、掃除やゴミ出しまでなんでもこなしていた。だから家事道具スペースも充実していたのかもしれない。

日本では長い間、家事が低く見られがちだったためか、よほど進歩的か余裕がなければ、家事スペースがある家を私はこれまで見たことがない。

そういう私の家にも家事スペースはなく、やむをえず外に見えるように道具を置いている。

快適維持のために掃除をまめにするには、モノを減らして床面積を広くし、掃除道具は取り出しやすく、しまいやすいスタンバイ状態にするしくみを作るのがいい。

お宅はいかがだろうか。

◆片づけるには年齢も重要

片づけのポイントは気持ちを整理することだと言ったが、それだけではない。

ほかにも、片づけをする上で「年齢」は大切な要素となる。**高齢になってから片づけようと思っても、体力・気力・集中力の減退が、片づけを続けられない原因の一つになってしまう**からだ。

ある友人は、昨年65歳を過ぎて体調を崩し、体力が落ちると、突然気力までも失せて寝込んでしまったという。その友人がつくづく言う。「年齢って、感じさせられるのよね。65歳を過ぎた途端だもの、体力が落ちたのは。受け入れたくなくても、身体のほうが感じてっていうのだから嫌でも感じるわよね」

そうなのだ、年齢は身体から現れてくる。

それは急激にくるわけではなく徐々にきているのだが、気持ちとしては受け入れる準備がととのわず、チグハグになってしまう。これが「老い」なのだ。

「こうして体力、気力が乏しくなった後で、快適に過ごしたいと願っても、もう片づけができなくなってくるのね」と友人はしみじみ言う。

年を取ると体力も気力も減り、無理をすれば身体が悲鳴をあげる。だから、快適な暮らしのしくみ作りは、体力があるうちに早めにすませておこう。

私も、60代突入時までは体力的にも問題なく、大掛かりな片づけまでこなすことができた。

ところが、60代終わりから70代にかけてガクンと体力が落ちたとたん、身のまわりのことを整えるのが精一杯で、押入れを見直して片づけるなどおっくうで面倒になってきた。

これが「老いる」ということなのだ。

となれば、片づけは体力のあるうちだ。70歳前後には取りかかっておきたい。

食べることをおろそかにしない

70歳も過ぎれば、身体のどこかが痛くなる、歩き過ぎて足がひきつる、体調が悪くなる、夜寝られない……などということがあって当たり前だ。

若いときと同じくらい元気ではいられない。

これは身体機能が衰えるためで、年相応なのだが、つい人は年相応を忘れて「なぜ足腰のここが痛いのだろう?」と昔の健康を追いかけすぎてしまう。

健康は大切だが、寝ても覚めても健康のことばかり考えて健康オタクになってはつまらない。

特に「健康にいいから」という理由で同じ食材ばかりを選んで食べたり、反対に「健康によくないから」とおいしくても一切食べないなど、健康だけをものさしにした食生活ではどうだろうか。

私は、健康にばかり気をつかうより、自分の身体の声を聞いた食生活をしたほうがいいと思っている。

たとえば、「今日の夕食に食べたいものは何だろう？」「いま思い浮かぶ食べたいものは何か？」などと身体に聞いてみる。**すると、今日の身体の調子で食べたいものが浮かんでくる。**それが一番身体にいい食事ではないだろうか。

長寿といわれる方がお肉を召し上がっているからと、マネしてお肉ばかりを食べるのもどうかと思う。

そもそも長寿といわれる方がいつもお肉とは限らない。魚、卵、乳製品、豆製品、野菜などバランスよく召し上がっているから長寿が保たれているのだと思う。見習って参考にするのはいいが、土台、人は一人一人身体も違えば生き方も違い、好みも違うのだから、マネばかりしても始まらない。

健康志向はいいのだが、健康のバロメーターなども人それぞれ。だから健康オタクになるのではなく、自分流の食生活を作っていくことだ。

大切なのは、食事をおろそかにしない心がけを持つことだ。「食事なんてなんでもいい」というのでは困る。

食事をおろそかにしていると、身体は調子を崩してしまう。調子が崩れると、風邪やアレルギーなど、免疫力が低下してくる。ここに病が入り込み、長期化することもあるだろう。

年齢だけが体調を悪くするのではないのだ。

食事は大切。食事をおろそかにすることが体調を低下させてしまう。食べたいものを身体に問い、バランスよく献立を組んで、楽しんで食べる。

元気な人ほど食事を大切にしている。何を食べているかではなく、その心がけを持ち続けることが重要なのだ。ここを間違えたくない。

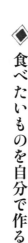

◆食べたいものを自分で作る

食生活が大切といっても、自分で作ることができないと外食や中食に任せることになってしまう。

男性も、女性も、なるべく自分で料理はできたほうがいい。

いまはコンビニ、スーパー、ファストフード、デパ地下、惣菜店など、いろいろな形で食品が販売され、自分で料理を作らなくても困ることはほとんどない。
これらはうまく活用すれば、食事のバランスを考えて不足分を補ったり、ひとり分を作るのではもったいないときなどにとても便利だ。とはいえ、「自分の好みの味とは違う」「塩分や糖分の調節がきかない」「量が少なすぎる・多すぎる」などと、なかなか思い通りではないこともある。

かくいう私も、常備菜のような普段着の料理がちゃんと作れるようになったのは40代頃になってからだ。

それまでは「単品料理主義」だった。コロッケや春巻き、トンカツといった一品入魂の料理は作れるが、普段着料理はあまり作れなかった。その頃は、かなり頻繁に友人が集まったり、友人宅に行ったりしていたので、こうした持ち寄り料理ばかり作っていたし、またこれが「料理」だとも思っていた。

でも肝心の普段食べるような、肉じゃが、ひじき煮、ほうれん草の胡麻和え、ゴボウのきんぴら、かぼちゃ煮といった料理はできなかったのである。

たまに食べたいと思っても、当時はコンビニや惣菜店などもなく、自分で作るよりほかに方法はなかったが、なぜか私は一品もてなし料理にばかり挑戦して、普段着料理は後回しにしていた。

40代にもなると、さすがに普段着料理はできませんとは言えなくなってきた。それに自分でも、そうした料理を食べるのが好きになってきたのだ。

しかたなく普段着料理に挑戦し始めたのが40代になってから。私はきんぴらが好きなので、とにかくまずは一品入魂できんぴらばかり作り続けた。次第にできるようになると次は肉じゃが、といったように、一品ずつ挑戦した。

料理は作らないと腕は上がらず、おいしくもできない。

運がよかったのは、ちょうどその頃参加させてもらった会で、料理当番があったことだ。年に数回、当番がまわってきて、十数人分の料理を作らなければならず、そのためにも懸命にいろいろな料理に挑戦し続けた。

成功もあったが失敗も数知れず。おかげで腕は次第に上がっていった。こうした機会があってますます料理がおもしろくなり、食べることへの興味が湧いていき、料理を楽しんでできるようになっていた。

いまでも、食べたいものを思い浮かべ、時間があるときには自分で作っている。たとえば、鮭の粕汁、タケノコの肉はさみ揚げ、ブロッコリーの白和え、お稲荷さんなど。

作っていると時間を忘れて料理に没頭できるから、楽しいひと時にもなっている。

◆ちょこちょこデリ料理も活用

できるだけ自分で料理をするが、といってすべて手作りかと言われると困る。時間がない、疲れた、気分を替えたい、自分の味に飽きた、ということもある。そんなときには、惣菜やデパ地下料理、近所デリなどが並ぶこともある。

最近気に入っているのは近所デリだ。

近所のイタリアンレストランが開いた小さな店で、サンドイッチやイタリアン惣菜、お菓子まで売っている。これが私にぴったりなのだ。

というのも、飽きっぽい性格なので、同じ惣菜がちょっと続くと飽きてしまう。とはいえ自分のレパートリーは限られているから、目先の変わった料理がほしくなる。それを補ってくれるのがこのデリ店なのだ。

デリ店もいつも同じレシピというわけではなく、変化球がある。それが私にとって好ましい。外れもあるが、多くは当たりだ。

たとえばきのこ類とタコのマリネ、菜の花と鰆《さわら》の豆板醤和えなどは、ちょっと100gでもあれば目先が変わって食卓がにぎやかになり、食も進む。

私の場合は、ほんの少量でもちょこちょこと品数が多い食卓を目指しているので、自前の惣菜しかないときには一品デリを足したりする。プロの味は、自前ではない変化に富んだ味で満足がいくし、食事の充足感まで得られるのだ。

デリ店だけでなく、最近ではコンビニ惣菜にも変化球が登場してきた。メンチやイカの炙《あぶ》り焼き、エビの素揚げなどが低価格で並んでいて、ちょっと試してみたところ、まずまず。コンビニ惣菜に感心している。

手作りはたしかに安心だし、味などが自由に調節できるので確実に満足感を得られるのだが、いつも手作りというのでは、私みたいに飽きっぽい人は、料理すること自体がけっこうしんどくなってしまう。

それを避けるには、**手作りにこだわらず、いろいろと組み合わせて食卓を作っていけばいいと私は考えている。**ときにはインスタント麺だっていいと思う。

◆おいしく飲むためのひと手間

先日テレビで、イタリアの小さな村に住む陶芸家の話をしていた。

彼は、ジェノバで働いているとき、無性に故郷でお父さんが作ってくれたパスタが食べたくなった。でもジェノバにはその特別なパスタがなく、パスタのために故郷に戻ったという。

故郷での彼は、陶芸をするかたわら、パスタに練り込む野菜を摘み、パスタを作り、小さな村に伝わる焼き菓子まで作っていた。作っているときの彼の表情は、とても楽しげでウキウキしているように見えた。**料理は身体を支えるためではあるが、楽しむためでもある**と、彼の野菜摘みの姿から思ったことだった。

そういえばイタリアでのホームステイでは、精神科医だったホストファーザーが作ってくれた本場イタリアの家庭ジェノベーゼパスタはおいしかった。イタリアの男性はみんな料理がうまいのかな？

思い出してみると、スペインのホストファーザーのトルティーヤも絶品だった。

日本のお父さんの「男の料理」のように、やるぞー！　と気合の一念発起で作るのではなく、普段着を着るようにエプロンをかけて、とても自然体で料理をしていたのが印象的だった（その後はイタリアでもホームステイをしたが、やはりホストファーザーが毎日料理の腕をふるってくれ、とても楽しそうだった）。

私も自分が楽しむための料理をするが、それは第一に「飲むことを楽しみたい」と思ってのことだ。

どんなお酒も、おいしく飲むためには、食べるものもおいしいほうがいい。**楽しいお酒にするためには、料理にちょっとした手間をかけるのが私流だ。**大きな手間ではなく、千切りをキレイに切る、和え衣をうまく作る、隠し味を一つ加えるなどといったことで、手間とも言えないのだが、ここが料理には大切なのだと思う。

昔はどちらかというと飲むことが主だったから、料理のほうが添えものといった感じで、ただ飲んでいればよかったが、いまは違う。

飲むことは、やはり飲み物に合う食べ物あってこそ。飲み物だけでは物足りないし、味気ない。何か忘れ物をしたような気分で、楽しさも湧いてこない。第一、もはや若くはないから身体のためにもよくない。

料理がととのってこその飲む楽しみであることが、ようやくわかってきたのだ。

おいしい食べ物やうまいお酒が手に入ったとき、気分がいいとき、リラックスしているとき、気の置けない友人がきたとき、おしゃべりの弾む仲間が集まったときなどには、飲み会が始まる。

そんなときには料理も手を抜かず、セッセと楽しく。おいしく飲むために、私はそう決めている。

はしゃぎ上手、遊び上手になる

ひとり暮らしは、ときにさみしくなったり、つまらなくなったり、落ち込んだりすることもある。落ち込んだ気持ちが続くと、普段の食事作りや、日々面倒と思っている掃除やゴミ出しがますますおっくうになったりする。

気分一新が、ひとり暮らしには必要なのだ。

さみしさを紛らわせるというわけではないが、気持ちは暮らしに反映されるので、こうした気持ちがあると暮らしの回転が滞ってしまう。

そうなると、暮らしというか、日々の時間を過ごすだけとなり、何をするでもなく日がな一日ぼんやりして終わる。ひとり暮らしの陥る難題はこれである。

気分転換に何をするかは、人によって違うと思う。違って当たり前だ。

私が落ち込みやすいのはおもに冬だが、そんなときは自分で「はしゃぐ」こと

にしている。私の「はしゃぐ」とは、いろいろあるが、たとえば通りがかりで気になった店や以前から行ってみたかった店、偶然見つけた店などに行ってみたり、仕事帰りに素敵な店を見つけてちょっと一杯飲んだりするといったことだ。

食事をする、ビールを飲む、見知らぬコーヒーショップやコンビニに立ち寄るといったことも、いまの私にはとても気分を変えるはしゃぎになる。

もっと盛大にはしゃぐのは、次の日に予定が何もないときだ。そのときはというと、行きつけの店で常連の方々とたわいない世間話をし、一杯が二杯、三杯となり、大いに話し込み、時を忘れてしまう。

しかし、それも近頃は体力的に難しくなり、もっぱら家でひとりはしゃぎをしている。好きな料理と飲み物があれば、私はどこでもはしゃぐことができるので、気楽にはしゃいでいる。

季節がよくなると、気分の落ち込みも少なくなるので、気分をより上げるためにはしゃぐ。この場合の私のはしゃぎは、歩くこと。行ったことのない道を歩き、見つけた店でコーヒーを一杯飲んでくつろぐことがもっぱらだ。

先日も線路沿いを歩いていたら、ちょっと珍しいコンテナ店舗を見つけて立ち寄った。若い青年二人の店で、古いアメリカンジュークボックスのある、60年代を思わせる店だった。急に自分の若い頃が蘇ったようで、昔を懐かしんでしまい、口をついたのはコニー・フランシスの歌。

懐かしい古き匂いは、それを知っている人を引き寄せるものだと感慨深かった。

◆息抜きのサイズは暮らしに合わせて

いままでは経済が落ち込んでいるとはいっても、直接暮らしに響いて困ってしまうほどではなかった。それまでのレベルをほんの少し下げればなんとかなった。

しかしこれからは、経済的な影が暮らしにも相当響いてきそうな気配がある。

たとえば、モノの値上がりがアチコチで実施されると、これまでと同じような買い物をしても、家計に与える経済的負担は大きくなる。

老後は年金が頼りではあるが、年金額が大きくない場合には、暮らしにかかる出費もぐ〜っと抑える必要に迫られる。いつも能天気にしているわけにもいかない。

アリとキリギリスを例にとると、いままでは「日常はアリさん姿勢」で、「能天気なキリギリスさんが週2〜3回ある」ような暮らしをしていたのだが、これからはそうもしていられない。週に数回のキリギリスさん習慣を変えていかなければ、暮らしはたちまち困ってしまう。

といって、アリさんばかりでは息がつまる。一度の人生なのだから、ひとりを満喫するためにも息抜きのキリギリスさんは手放したくない。

アリさんは、暮らしの根底を支えるなくてはならない存在だ。一方のキリギリスさんは、遊び。遊びを増やしたら当然アリさんも馬車馬にならざるを得ないが、すでに年齢の壁が立ちはだかっている。体力、気力、集中力は衰えて、アリさんの酷使はできない状況だ。

息抜きはいるが、ほどほどにしていくしかなさそうだ。

というわけで、キリギリスさんは週1〜0・5回に減らしてもいい。この程度がちょうどいいのかもしれない。これまでの週2〜3回では頻繁すぎて、経済的にも、体力的にもしんどくなっている。特に私の遊びは歩いたり、食事したり、飲んだりするのだから、頻繁だと続かないのは目に見えている。

そうなったら、夜を昼にして時間帯を変え、時間も短くしていこう。

◆節約しても〝ケチ〟にはならない

後の章でも述べるが、経済的なことは、老いていく年齢にはとても重要だ。

定年間近の方が質問を寄せてくださることも多い。みんな年金だけの暮らしをしたいが、どうしたらよいかが悩みとなっているようだ。

私にとっても他人事ではない。**うっかりと60歳から企業年金を受け取ってしまったので、65歳からの年金額は月6万円ちょっと。いま70歳を過ぎてからは、5万円となった。**

本業の執筆は鳴かず飛ばず先も見込めない状態で、ウツウツとする日々が続く。決まった予算で暮らそうと思うが、節約だけに勤しんでいると窮屈になり、私は息苦しささえ感じてしまうから性質《たち》が悪い。

「○○ばかり」の暮らしでは身がもたないのだ。同じ料理（副惣菜ではなくメイン）を毎日続けたり、残り惣菜だけが食卓に並んだりなども耐えられず、こと食生活に関しては節約も限度があると思っている。

たとえば、安い食材で料理を作ること。

先日、超安いステーキ肉を価格につられてうっかり購入し、いざ焼いて食べてみたが、とても硬くてステーキとしてはおいしくない。ああ〜もったいなかった。せっかくのステーキ肉だったのに。よく表示を見なければダメだな。日ごろの私らしくなく、節約しようと価格の安さだけにはまった。

とはいえ、もったいない。細かく刻み、キャベツ、タマネギなどと一緒にトマトソースで煮込んでみた。すると、おいしく食べられた。失敗は成功のもとである。いつも成功とばかりは言えないのだが、食のケチは似合わないということだ。

では、どこをケチればいいか。それは「衣」だ。

どんなにおしゃれをしても、もはや誰も振り返らない。清潔な衣類であれば問題はないのだ。私が着られる衣類をいただけるならば、積極的にもらう。コートなどは、それで重宝し、助かっている。**コーディネートに悩むなら、自分のスタイルを作っておけばいい。**いまの私はジーンズが定番だ。Tシャツとジーンズ、上にジャケットを着て外出着にしている。

化粧品とていただいた化粧水で間に合い、シャンプーまでもいただきものだから購入まで間があり、ありがたい。

ところで、**節約とケチの違いは、目的があるかどうかだと私は考えている。**

節約は、したいことや役立てたいことなどがあって、目的のために有効にお金を使用しようと考えること。一方で、ケチは目的がないにもかかわらず出し惜しみをすることで、それはみっともないと思う。

たとえば、もらって気に入らないお歳暮を包み直してほかの人に回す人（もらいものだがなど言えばいいのだが）、出かけるときは食事どきを避ける人（これはケチと節約の間くらいか）、タダ飯にしかつきあわない人もいると最近聞いた。

私が思うところ、中途半端にお金を持っている人ほど出し惜しみをして、自分や親族のため（もしかしたら親族にさえも出し惜しみする？）だけにしかお金を遣わない人が多い。

これでは世の中の経済格差も大きくなるばかりだ。お金は有効に遣って回さなければ意味がない。貯めこんでケチになっていては、経済の回復はほど遠い。

私の祖父は「お金は遣えやい」と言い残している。有効な経済にしていくためにも、節約はしてもケチにならないようにしたいと思う。

身ぎれいな格好で心地よく暮らす

ひとり暮らしには、他人の目がない。どんなに部屋が散らかって汚れていようと、誰も文句を言わないし、指摘もしない。知らん顔だ。

だが、ひとり暮らしだからこそ、部屋を清潔に保つのは大切だ。**ちょっと外に出て他人と接すると、一目で日常が見透かされてしまうのだ。**

部屋は散らかって足の踏み場もなく、洗濯機に衣類が放り込まれ、布団は敷きっぱなし、シンクに食器はたまり放題、コンビニ食の空容器がゴミ箱からはみ出している……といった状態は、見透かされ、わかってしまう。

ひとりは気ラクではあるが、身をキチンと整えていないと暮らしの不始末が臭うのだ。

仕事ができてセンスがよく、他人にも愛想よく、外面は申し分なくても、家での身だしなみがいただけないのも困る。ことに、二人暮らしから突然ひとりになった場合などは、あっという間に臭いがしてくる。

あるひとり暮らしの男性のところに、テレビ収録前の確認で「テスト掃除」に行ったときのことだ。

とにかく清潔感ゼロで、一体化した浴室とトイレは汚れがつき放題。臭いは悪臭を通り越して異臭となり、テスト掃除とはいえ頭がクラクラとして倒れそうだった。

サッサと溜まりに溜まった汚れを落とし、どうしたらここまで汚せるのかと疑問に思いながら、ほうほうの体で家を後にした。私がこれまでに出会ったひとり暮らしのだらしなさNO．1であった。

その方はまだ30代だったが、年を重ねたひとり暮らしの場合は長い間室内にモノを散らかしているので、そこから臭い、身体に浸みついて身体も臭う。

身体の清潔はもちろんだが、室内も清潔に風の通りをよくしておかないと、老醜が漂い、ひとりの惨めさが強調されてしまう。そうなると、他人は相手にしてくれないし、相手にしてくれても、内心は嫌な思いである。

相手に快く接してほしいと思ったら、まずは自らの清潔を第一にして、身だしなみや室内の清潔を習慣化することが必要だと思う。

◆だらしない格好はしない

ひとり暮らしとはいえ、買い物に行ったり、ゴミ出しに出たりすることがある。

そんなとき、マンションの玄関で同じ住居内の住人と出会うこともある。すれ違って挨拶したとき、ぷ〜んと臭うような身なりで破れた部屋着やよれよれの衣類などを着ていたり、頭はボサボサでホームレス一歩手前の格好をしたりしていたら、ひょっとすると外部の怪しい人と思われるかもしれない。

いや、同じ住人と知っていても、ちょっと嫌だな、気持ち悪いなと思われるかもしれない。

居住空間内であったとしても、だらしない格好はいただけない。ワイシャツを着てネクタイを締めるというのではない。「身ぎれいな格好でいる」というだけだ。

ひとり暮らしに溜まる汚れや臭いは、自分では気がつかないことが多い。他人と比較することで自分のだらしなさがわかるのだ。傍目を気にしたほうがいいということである。

必要以上に気にすることもないが、「身ぎれいな格好」、これは大切だ。洗濯をすれば、汚れは落ちる。しかしこの洗濯が重要でもある。

私は、洗濯機に衣類を入れてボタンを押す前に、汚れたところを点検する習慣をつけている。襟、袖口、裾などが汚れていないか、肌着でも襟、袖口はチェックする。気になる部分は洗濯機に入れる前に、石鹸や襟用洗剤などでこすってから洗濯機へ。

このひと手間をするかしないかで洗濯の仕上がりが違ってくる。これが面倒でそのまま洗濯機に入れてしまう人が多いが、明らかに汚れ落ちが違う。

細部の汚れ落としをしないと衣類のよれ具合も早くなり、Tシャツなどは一年でよれよれとなる。こうなるといくら洗濯した衣類を着ていても、清潔感は失われてだらしない格好に映る。丁寧な洗濯をすることで、よれも防止できる。

衣類によっては、洗濯を続けるうちに色が白っぽくなっていくものがあるが、それはしかたがない。紺が白っぽくなったら、それは寿命である。買い替えて鮮やかな紺を着よう。

寿命なのにいつまでもズルズルと着続けるのはだらしない。サッサとあきらめて、普段着に下ろす。あるいは買い替えて、スッキリとした衣類を着る。

そのためには、日ごろから自分の衣類の枚数、傷み具合、フィット感などをチェックしておくことも必要だ。これは衣類だけではない。靴、持ちモノ、ハンカチ、ベルトなど、身につけるモノすべてに言えることだと思う。

年を取ったとはいえ、我が身を鏡に映し、チェックすることは忘れたくない。

◆歯やヘアメンテは怠らずに

私の友人には、「あ、今日はまだ歯を磨いてなかった。家に居ると忘れてしまう」という人がいる。

これを無精というかそれでもいいというか、人の見かたは違う。一日中家に居て誰とも話をしないならば、歯磨きしなくてもいいかもしれない。あるいは、うっかりして一回くらい忘れたのならしかたがない。でも、歯磨きは毎日のルーティーンとしてあるのでは？　と私は思う。

私たち日本人には、挨拶として肌に触れたり頬を触ったりする習慣がない。少しくらい顔を洗わなくても、歯を磨かなくてもどうということもない。

しかし、海外の人（主にヨーロッパなど）と挨拶をするとき、それではダメだ。「久しぶり！」といってハグするし、頬を触れることだってある。顔も洗ってない、歯も磨いていない状態だと、やっぱり顔が近づくので体臭だって気になってくる。海外の人が香水を使用しているのはそのせいだろうか。

年を重ねると、身体の汚れも溜まっていく。**そしてなぜかわからないが、落ちにくくなる。**「身始末」は、年を重ねるほど大切だと私は思う。

洗いざらしのサッパリとした衣類を着ていても、中身の身体が臭うようでは困る。身始末には気をつけよう。

顔色を見る、歯や舌をチェックする、髪の具合を確かめるなど、すべては自分の健康チェックでもあると考えると、欠かせないルーティーンになる。一日だけのうっかりはいいが、日々のチェックを怠ってはダメなのだ。怠り続けていると、だらしなさが身についてしまう。

年を重ねるということは、ある程度規則正しい行動を毎日刻むように続けていくことなのだ。だから、それが一定期間欠けると行動も途切れてしまうことになる。

途切れてから元に戻して続けるのは、シンドイ。身始末はそのいい例だ。日々ルーティーンとして気をつけていきたいと思っている。

第2章

ひとりの楽しみ

高齢になると、引きこもりやすい？

年を重ねると、何事にもおっくうになるようだ。

まだお年と呼ぶには早い年齢（55歳）の友人が、「近頃、家事らしいことをほとんどしてなくてヒドイもんやな～」と反省していた。どうも高齢になるにつれ、おっくうごとが多くなるようだ。

近所の同年代は、「浴室掃除が面倒になって、家では入浴しなくなってしまった」という。ではどこで入浴しているのかと聞くと、なんと別荘だそうだ。

東京から車で1時間半ほどのマンションで、建物自体は古く部屋もせまいのだそうだが、何より気に入ったのは海を見晴らす眺めが気持ちいいことだという。

そして大浴場まであるそうだ。これが最近のお気に入りらしく、到着するとすぐに大浴場へ行く。

気分がよくなるのに加えて、自分で掃除をしなくていいので、彼女は週末に限らず気が向いたら出かけているらしい。

お二人とも高齢と呼ぶ年齢ではないものの、おっくうごとを抱えている様子だ。これから先が思いやられるが、実際、これまでできていたことをおっくうがる兆しは、年齢とともに次第に増えるかもしれない。

そういえば、80歳を過ぎて施設に暮らす方に、施設の見学に行きたいと申し出たら、「部屋を片づけるのが大変だから、来てほしくない」と言われてしまった。

またほかの80代の方は、「友人が泊まりに来るというので嫌だなあ〜と思っていたら、大変だからホテルにしようということになってホッとした」という。

どうも高齢になると、できないことやしたくないことが増えるし、引きこもってしまうこともあると聞く。ひとり暮らしで引きこもり、誰とも口を利かず、食生活もままならないとなると、行きつく先はゴミ屋敷か、そして最後は孤独死か……。

おっくうは最小限にとどめたいと思う。

つい数か月ほど前だが、私も仕事が思わしくなくて、じっと家に居た。**する**

と、たちまち出不精となり、買い物さえも面倒になってしまったのだ。暮らしに対する面倒の連鎖は果てしなく続く。もしかしたら、家中がゴミであふれ、人としての暮らしが遠のいていくのではないかという想像が起こって、ぞっとした。この果てに引きこもりがあるのかもしれないという予感すらあった。これでは困る。

なぜなら、脳が刺激されないからだ。**脳を活性化して働かせなければ、苦労も、楽しさも、嬉しさも感じにくくなってしまう。**そうなると、人生の醍醐味すら失われてしまうのではないだろうか。

人生を精一杯過ごすには、外的刺激をドンドン脳に与え、好奇心を満たし、失敗しても楽しむこと。そうすれば、脳はイキイキと働いてくれるはず。

人生を充分楽しんでから息絶えたいものだ。

◆目的のない長話も引きこもるよりはいい

高齢のひとり暮らしは、なんだか手持ち無沙汰のようだ。

地域にもよるが、私が研修を受けたある薬局には、多くの高齢の方が医者にかかり、処方箋を持参して薬を受け取りに来られていた。もちろん医者にかかるのは高齢者ばかりではなく、子連れの若いお母さんたちも来ているが、若い方たちは忙しいので、薬ができるとサッサと受け取って帰られる。

でも、高齢の方たちはそうではない。

薬を受け取った後も薬局に残り、誰彼となく話をしている。あるときは、80代とおぼしき高齢女性が30分以上も話をしているので、どなたか話し相手が居るのかと調剤室から受付をのぞいてみたら、誰と話すというわけではなく、ひとり言のようにしゃべっていた。

相手になってあげればよかったのだが、そうすると仕事ができなくなってしまう。ほかの患者さんも同様に、話し相手になることはなかった。ひとしきり、ひとりで話し終わると帰っていった。

またあるとき、薬局の顔見知りという高齢の方は、話し相手がいたせいか、それこそ1時間以上も話していった。認知症の連れ合いの症状が変化した話、ほかの家族の話、自分の病の話など、とにかく長話だった。

こうした薬局での現実を見ていると、**高齢になるほど時間を持て余してしまうようだと、考えさせられるやら、なんだかおかしいやら、他人事とは思えなかった。**

これまで社会で活躍していた人も、80歳も過ぎれば社会にあった席は消え、自ら社会との接点を極端に少なくしているように見受けられる。

社会との接点を持ってイキイキとしていた方でさえも、体調を崩した途端に、これから先みんなに迷惑がかかるといけないからとの理由で、家族や親族に接点を切断されてしまうケースもあると聞いた。

とはいえ、**高齢になればなるほど、社会との接点は必要なのだと思う。**どんな人も、年を取ってもどこかで社会との接点を持ちたがっている。だから、薬局やスーパーなどで長話をしているのではないだろうか。

もちろん、医者から薬局へと話し歩いてもかまわない。誰かが、恥ずかしいとか変だとか思っても、かまわないではないか。大きな迷惑をかけているなら別だが、小さな迷惑くらいなら、みんなで受け入れてあげればいいと私は思う。

それよりも、引きこもらないことだ。脳に刺激は常に与えていたほうがいい。

◆食べる楽しみが「ひとりの活性化」につながる

近所で親しくしている年上の友人へ、いただきもののゆずを届けたところ、「最近は食事をするのも面倒になった」という。

つい最近までそんなことなど言わなかったのに、どうしたのかと思い、何が面倒なのかと聞いてみた。すると、食べることが面倒になり、だから作るのも嫌になったのだとか。

食べることは身体の資本ともいえるから、食べたほうがいいと話すも、「見て、何も入ってないのよ」と、カラッポの冷蔵庫を見せられた。ほんと見事に、何も入っていない。

買い物が大変なときもあるから、たまたま買いに行けなかったのかと思ったが、そうではなかった。彼女は食糧を宅配便で購入しているから、そんなことはないはずだ。なぜだろう、体調に異変でもあったのだろうか？　そんなふうには見えなかったが、気持ちの変化に少し弱い方だから、心配事があったのかもしれない。

一方で、別の知り合いのひとり暮らしの方は、年を重ねてから目が不自由になり、右目はほとんど見えず、左目もわずかに見える程度だ。

それでも、自分で料理をすることだけは大切にして、身体維持に努めていると話す。「いま朝ごはんを食べ終わったところよ。私から食べることを取り上げられたら悲しい。目が不自由でも食べるのは生きがいみたいになっているの」と電話の声は明るい。

ひとり暮らしは自由だから、ときには食欲のないこともあるかもしれないが、ひとりだからこそ身体は労わりたい。

それに、そんなときほど、友人でも姉妹でも誰かを誘って外に出かけたい。もし誰もいなければ、ひとりでもいいから外に出る。家にずっと居ると、誰とも話さないことが続いて気持ちが落ち込んでしまう。外に出かけてみると、たとえ誰とも話さなくても、人ごみの中でおもしろいことに出会えるかもしれない。

食事を作りたくなければ、好きなものを買いに出かけよう。ひとりは自由に動けるのだから、食べたくないなんて思って家に居るよりもずっといい。

ひとり暮らしで、食べる楽しみを持つことが大切なのは、「ひとりの活性化」につながるからだ。

食べるのは、お腹が空くから。お腹が空けば食べるというのが生き物の行動だ。食べるためには料理を作るが、それが面倒なら買ってくればいいし、買い物に出かければ嫌でも誰かと口を利く。これがひとり暮らしの活性化になる。

だから、食べ物で一番好きなもの・嫌いなもの、好きな味・嫌いな味など、食べることに関する自分のこだわりをいろいろと持っていたほうが、ひとり暮らしが倍にも、いや100倍にも楽しくなると思うのだ。

冒頭の彼女はその後も、食べたくない、作りたくない状態が続いているという。

この先もっと年を取ったらどうなるのか、と自分も含めて考えさせられている。

◆やりたいことを持ち続けて

先日、都内の高級老人施設に入居したという先輩を訪ねた。

玄関を入るとコンシェルジュがいて、部屋のドアまで案内してくれる。至れり尽くせりだ。部屋は広々としていて100㎡もある。

食事は部屋まで運んでくれるのだが、ダイニングルームもあり、私たちはそこで食事をすることにした。水の流れる庭園を眺めながらの食事は格別！

日々の食事内容も充実していて、食べる楽しみもある。食欲も満たされ、施設内に友人でも作ると食事中の会話も弾む。

その施設には、麻雀、陶芸、手芸、音楽などの趣味を楽しむ場所としても立派な部屋が備えられ、数人が楽しそうに麻雀をしている姿があった。

また、もしものためにクリニックと緊急時ベッド室まで用意されていた。

私からすれば、人生の最後までを楽しく、ラクに、イキイキ過ごせる場所に思えて、幸せのひと言ではないかと思った。

しかし、実際に暮らしている先輩はそうではないようだ。どんなに恵まれているかわかっていても、どうも気持ちが満足していないようだった。二言目には、「もうダメ」「もう生きたくない」と繰り返す。「うらやましい暮らし！」と言う私に、「もう、いつ死んでもいいから私は」という答えが返ってくる。「一番好きなことはなんですか？」と聞くと、「読書よ」である。では読書三昧を楽しんだらいいのに、と私は内心思う。

年を取ってからも、やりたいことを続けながら、自由に楽しく、イキイキと暮らしを充実させていかないと、気持ちのほうが先に音を上げてしまうのかもしれないと、先輩と話しながらしみじみ考えた。

それからしばらくして、先輩はベッドから落ちて骨折。入退院後、介護付き施設に移られたという。それではますます楽しく暮らせないではないか。

身体が元気なうちに、したいことを充実させておかないと、後悔することになるかもしれない。自由なときに、自由な過ごし方をしなければと、私は考えてしまう。

プラプラ街歩きで新発見！

私の楽しみといえば、街歩きだ。

街歩きといっても、目的があって歩くのではない。プラプラとあてもなく歩くのだ。**ひとりで行きたい方向へと、気の向くままに歩く。**

たとえば東京の下北沢。細い道が好きな私は、この道を曲がりたいと思ったら、そこを曲がる。こっちに行ったら何かおもしろいところに出会えないかな？という思いが湧いてくるからだ。**そんなときは、その気持ちに添って寄り道をする。**

すると、思ってもみなかった小さな店に出会う。雑貨店、陶器の店、アクセサリーの店、衣類のリサイクル店などだ。店をのぞいて商品を眺めるのも楽しい。ときに、おもしろい商品と出会う。

たとえば、ある雑貨店で目にしたのがメガネストラップ。シリコン製で長さが調節できる。シリコンだから極めて軽く、メガネを首からかけていても首が痛くならないほどだ。色合いも虹色でちょっと目立つから、ネックレスとまでは言わないが、アクセントにもなる。その店はメガネの種類も多く、よりどりみどりの豊富な品揃えで、顔に合わせて適当に試してみられるのが楽しい。

街歩きに時間制限はない。細い路地に入り込んで出口がわからなくなったり、バスに乗ってみたのはいいけれど全く違った方向に連れていかれたりと、思わぬ苦戦をすることもあるが、それはそれでおもしろい。知らない街を歩くことはワクワク感を一杯にしてくれる。

ところで下北沢というと、若い人たちが多い街だと思っていたが、案外平日は年を重ねた人たちも訪ねている。友人たちと一緒にアチコチのぞきながら歩いているので、私と同じように街歩きをしているんだなと思う。

街歩きの最後は、休憩場所を探す。それはコーヒーやビール、アイスクリーム、ラーメンだったりする。こうした飲食店を探すのも、私の街歩きの一つの楽しみでもある。

そのときの疲れ具合やおもしろ気分で、ピタリの店が見つかったときには、感激を通り越して「やったぁ！」となる。街歩きにこの「やったぁ！」がないときは、ガックリと落ち込んでしまうが、何か一つでも楽しいことがあれば帳消しになる。

地図を見ながら歩くときもあるが、見ないときのほうが多い。見ないときは勘を頼りに、気の向くままだ。すると、おもしろいことや人に出会う。**ひとりで自由きままだからこそ、こんなふうに時間制限なしの街歩きが楽しめるのかもしれない。**

◆散歩コースで新たな出会い

街歩きと同じように楽しんでいるのが、散歩。街歩きとの違いは、散歩は遠出をしないという点だ。基本は家の近所を歩くのだが、明治神宮、代々木公園、代々木八幡宮、新宿周辺までは散歩の範囲内としている。

歩き慣れたところだけで本当はいいのだが、何だか毎回同じところでは飽きがきてしまうのが、私の悪い癖である。だから散歩をしようと出かけても、同じ場所を歩くのではなく、つい寄り道、迷い道、曲り道をしてしまう。

あるとき、散歩をしていたら、私の前を歩いていた人が「あ、ネズミ！」と叫んだ。その声の先を見ると、たしかに歩道の店舗寄りの場所で健気に咲くタンポポに、必死でしがみつくようにして食べているネズミの姿があった。

わ、かわいいネズミだ、と思った。ドブネズミではなく、なんだかキレイな姿で毛艶《けづや》もいい。二人でちょっと立ち止まって眺めた。すると、それを感じたのか、かわいそうにネズミはタンポポを食べるのを止めて、サッと走り去ってしまった。

もっと見ていたかったのに……。ネズミがタンポポを食べるなんて知らなかった。ネズミもビタミンが足りていなかったのだろうか？　タンポポをサラダで食べるフランス人がいるから、フランスネズミかしら？　などと疑問が湧いてくる。こんな楽しみをもたらしてくれるなんて、散歩ならではのことだ。

そういえば、明治神宮を散歩していて亀、キジ、ウサギ、ヘビなどさまざまな生き物にも出会った。これも、散歩しなければ出会えなかった。

散歩も毎回同じコースではなくて、迷い道、寄り道、曲り道に入り込んでこそ思わぬ出来事に出会えるから、積極的に気持ちに添って、道に迷ってみたい。

◆本を読みながらゆっくりお風呂

私の入浴には、「戦いのシャワー」と「楽しみの風呂」の2種類があることは、前に書いた。仕事に行く日の朝は、シャワーで身体を目覚めさせる。

シャワーでは寒くなる冬は、ぬくぬくと温まりたい。

そんなときは、風呂に限る。身体を温めるためなので、浴槽にお湯をはり、そこに身体を入れて温める。温める時間は40分以上だ。

私は貧乏性だから、ただ温まっているのはもったいないと新聞や本などを持ち込み、外に携帯ラジオを置いて、読みながら身体を温める。

読書内容によっては眠りそうになることもあり、あるときは、うっかり本を落として大変だった。それからは気をつけているが、風呂での読書は欠かせない冬の楽しみになった。季節を限定しているわけではないが、風呂に入るのは温まるためと位置づけているので、どうしても晩秋から冬となってしまう。

風呂の後始末も、せっかく温めた身体を冷やさないように、あっという間に終えるしくみにしている。**使用後はまず浴槽の湯を抜きながらブラシで浴槽内をこすり、最後にシャワーで仕上げをするという、浴槽だけの後始末だ。**これだけだから、手間も時間もかからずに終えられる。

家の浴槽にはフタがない。フタがあると、そこにホコリとカビなどが発生するので、一切止めてしまった。排水口のフタも外してある。汚れや髪の毛の溜まり具合がわかるので、すぐに取り除ける。

風呂は楽しみでもあるが、後始末がキチンとされていないと、後で面倒になってしまう。だから入りながらラクにするしくみを作ったというわけだ。

この方法なら、身体が動くうちは続けられる。身体が動かなくなったら？　と考える人もいるが、そのときはそのとき。先のことなどわからない。

◆自由な時間に家で映画

ひとりの楽しみとして謳歌していたのが、「パソコンで映画」だ。

いまはなくなってしまったが、ちょっと前まで近所にレンタルビデオ屋さんがあった。暇になると出かけては、パソコンで観られるＤＶＤを借りていた。ほとんどは映画で、本当にしょっちゅうレンタルしていた。

映画館で見損なった映画も好きな時間帯に夜中まで観られ、オンオフが自由にできるなどが便利で、とても楽しみなパソコン映画だった。

だが、突然ビデオ屋さんが閉店してしまった。このときはとても悲しかった。パソコンで映画を観られることを知ってしまうと、便利すぎて映画館まで足を運ばなくなってしまうほど楽しかったからだ。

ビデオ屋さんがなくなった後、インターネットでビデオ見放題の会員登録をしてみたが、人は勝手なもので、一か月間という時間制限が加えられると制限内には観られず、もったいなくてストレスになってしまい、結局は退会してしまった。

ビデオがないとなると、映画の楽しみが減り、好きなことが一つ減ったようで、急に日常がつまらなくなった。

そこで取り入れたのが、アイパッド（iPad）だ。パソコンに比べると画面は小さいが、標準搭載されているアプリに無料の映画がいくつかあり、自由に選んで夜中まで映画を観ることができる。

私にとって、好きな時間に、好きに映画が観られるほど使い勝手のいい機器はない。それに持ち運びが手軽なので、電車やバスの中でも視聴可能で、もちろん海外にも持って行ける。

いまではパソコンの代わりにアイパッドが映画用機器となった。無料の映画は多くはないが、見損なったテレビドラマなどもあって、ついうっかり長い時間見入ってしまう。

便利な機器は、暮らしの規則を乱したりして危険ともいえる。でも、便利な機器がなかった時代を経験している私にとって、使用法によってはありがたいものだ。**使いこなし次第で、ひとりをうまく楽しんでいくにはもってこいの機器とい**

えるのではないだろうか。

これから経済的な余裕があれば、有料の映画（もしかしたら時間制限があるかもしれないが……）を観ることも試して、もっと有効にこの機器を使いこなし、ひとりの楽しみを続けていきたいものだ。

◆アイパッドはおもしろい

映画以外にも、私は普段からアイパッドを使用している。何に使っているかといえば、自宅パソコンからメールを受け取り、いつでもどこでも読めるようにして、仕事内容のチェックなどをしている。

また、インターネットの検索機能を利用していろいろなことを調べたり、書籍を注文したり、経路を検索したりするのにも使っている。

写真を撮る機能もあり、これも重宝している。**先日は友人と花見に出かけ、たった一枚三人の写真を撮ってもらったが、デジタルカメラよりキレイに撮れて友人たちが感心していた。**

海外にいる友人とは、フェイスタイム機能を使用して通話をしている。

……というくらいしか私は使っていない。たぶん、アイパッドに搭載されている機能はこんなものではない。いろいろな機能があるが、私の使用機能は4分の1、いや6分の1ほどといったところだろうか。

そもそも、私はこうした電子機器の使用には難色派であった。ところが、あるとき仕事で同じくらいの年齢の方にお目にかかった。その方は、器用にアイパッドを使いこなし、スケジュールもこれで管理して、この機器がなければ仕事ができないという話をされ、実際に使用しているところを見せてくれた。

なるほど、便利そうな機器だとは思ったが、そのときすぐに自分で持とうとは思わなかった。

それから、私の周りの友人たちが誰もかれもスマートフォンを持ち出した。時流に乗り遅れるかなと考えたが、みんなと同じものを持つというのは私の生き方とは思えないので、私にはスマートフォンの選択肢はなかった。

きっかけは「英会話」だ。後で詳しく書くが、レッスンの復習やほかの英会話を聞くのに使うため、私は以前から音楽プレイヤーのアイポッド（ｉＰｏｄ）を持っていた。

この機器は、音楽も聞けるし、英会話レッスンにも役立っていた。ただ、パソコンからでなければ新しい英会話も取り入れられず、忙しいときなどは古いものを聞くしかなくて、少し不便だった。

それと同じ、いやそれ以上の機能が搭載されたのがアイパッドだと若い友人から教えられ、目からウロコであった。早速見に行ってみたものの、やはり使いこなしが難しそうだった。

そのとき思い出したのが、先ほど書いた、仕事で出会った同年代の方が使いこなす姿だ。これからの時代、新機能にチャレンジしなければ、ただでさえ低迷中の英語力がもっと落ちると思ったのだ。

それを防ぎたい、とアイパッドを手元に引き寄せていた。より使いこなして、せっかくの機能を使う幅を広げていきたいと思っている。

◆時代劇を観ながら晩酌を

私の楽しみの一つに、時代劇がある。本でも、映画やテレビでも、時代劇には小学生の頃から親しんできた。

終戦年の生まれで、私の故郷である地方都市新潟では、海外映画があったとしてもまれにしか上映されなかったのだ。小学生になって、あちこちに映画館が建てられると、上映されたのは海外映画ではなく、時代劇であった。友人と近くの映画館へ時代劇を観によく通った。そのせいなのだろうか。時代劇に親しみ、好きになった。

大学生になると東京暮らしで、刺激が多すぎた。それに、その頃はテレビ全盛期で時代劇という社会でもなかった。当たり前のように、楽しみは安い映画館で海外映画を観ることで、読む本もさまざまなジャンルへと移っていった。

卒業後は仕事に明け暮れていたので、楽しみの時代劇や海外映画どころではなく、仕事、研究、グループ活動に精一杯だった。

最近ようやく仕事も落ち着いて時間を持てるようになり、再び時代劇を楽しめるようになった。

といっても、映画ではなくテレビだ。地上波ではないが時代劇を放映しているチャンネルがあり、週2回ほどだが、これが楽しみになった。ちょうど時間帯が夕食どきということもあって、その曜日だけは、早々と夕食の準備をして、晩酌をしながら時代劇を楽しむことにしている。

真実を伝える時代劇もあるが、私の好きな時代劇はそれではない。作者が言いたいことを表現したフィクション時代劇なのだ。フィクションだから、事実に近いことはあってもすべて事実ではなく、作者本位の考え方が詰まっているものである。

作者が何を伝え、そして時代劇という舞台を通して現代の私たちに訴えたいことはどんなことなのだろう、と受け取り手の立場で私は鑑賞している。時代劇とはいえ、作者と脚本家の息がぴったりと合わなければ、観る側の楽しみを減らしてしまう。ここが、時代劇なる映像の難しいところなのだと、私は勝手に思い込んで楽しんでいる。

時代劇のある曜日だけはできるだけ約束を入れないようにしていたが、最近、ビデオ予約ができると聞いてチャレンジしてみた。しかしテレビ購入から20年も経っており、どのように設定したらよいかわからず、相変わらず当日の時代劇、それも再放送を観て楽しんでいる。
楽しみなんて、この程度でいいと私は思っている。
あなたの楽しみはなんだろうか？

“私の楽しみ”を見つけよう

ブラブラ街歩き

本文中で紹介した下北沢のほかに代官山も街歩きにはピッタリ。行きたい方向に気の向くまま歩く。気になるお店があったら入ってみる。

iPadがおもしろい

iPadは映画鑑賞や写真撮影、ビデオ通話のほかに英会話の復習や調べものにも重宝している。

時代劇で晩酌

時代劇を見るときの楽しみが、必ず出てくる「一杯飲むシーン」。どんな料理を食べているのか、どんな味なのかと画面越しに想像を膨らませながら観る。

冬はお風呂で読書

シャワーだけだと寒くなる冬は、本を読みながら湯船でゆっくり温まる。ラジオを流しながら入るが、小さなボリュームなので読書に集中できる。

料理は失敗すらもおもしろい

ひとりの食事は味気ないという人もいるが、けっこう気ラクでいいものだ。

あるとき、すき焼きをするのでせっかくだから若い人を呼ぼうということになり、友人の娘と一緒に食べた。すると、若い人を呼んだのだからしかたないのだが、肉をほとんど食べられてしまった。正直に言って、このときの私は「しまった！」という思いだった。

昔の話になるが、大学生の頃はよく叔母の家に出入りしてごはんをご馳走になっていた。叔母は面倒のない鍋ものにしてくれていたが、じつは私はこの鍋が得意ではなかった。なぜなら、一緒に鍋を囲むいとこの男の子たちは食べるのが速い。私が食べようとすると、もうなくなっていたのである。

以来、鍋のような早い者勝ちの料理が苦手になってしまった。

食べるのは好きなので、人と一緒の食事も嫌ではないが、競争するようにしてまで食べたいとは思わない。

その名残がいまでもあるのか、同人会でも、家で集まりを開いたときでも、私はなんだか食べられない。ひとりごはんに慣れてしまったせいかもしれないが、ひとりになって、ゆっくりと食べることが多い。

思い返すと、それは小さい頃からの習慣かもしれない。子どもの頃の食卓はというと、ごはん、味噌汁、おかずなどがひとり分ずつ配膳され、食べるときは自分の目の前の料理に集中していた。

学生になって初めて、食べることにも競争があることがわかった。

社会人になってからは妹と暮らしたが、好みが違うのでいつもお互いひとりごはんだったと思う。それがいまでも続いているということだ。

いまでは、ひとりごはんにより年季が入っている。**新聞や本を読みながら、あるいはテレビを観ながら、今日食べたいものを自由に並べ、好きなだけ充分に食べられるのがいい。**

この好きに食べられるきままさと自由さ、私の何よりの楽しみとなっている。

◆料理は自己流、60点

生活研究家とはいえ、料理が上手いかというと、これまたそうでもない。ただ研究熱心というだけで、自己流である。料理は丁寧に作ればおいしくなると思うのだが、丁寧にするほどの時間を持ち合わせてはいない。失敗しながら研究している。

特に、料理当番が必須だった同人会に参加してからは、十数人分の料理を作らなければならなかったので、研究を重ねた。それで少しはマシな腕に成長したのだ。

料理の腕は、なんとか60点前後をキープできればいいと思っている。

自己流といったのは、料理の基礎を母からも、祖母や叔母からも学ばずにきたということだ。どうやって覚えたのかというと、料理本とテレビ。本を見ながら作り方や手順を理解し、そしてテレビの料理番組を観て納得して実行してきた。

この連続で料理を試行錯誤しながら身体に浸み込ませるようにしたが、私の料理は大学の実験に近いものがある。

一度身体に浸み込ませても、料理は作らなくなると忘れてしまう。実験もそうだ。実験しているときはいいけれど、一旦離れるとすっかり忘れてしまう。

食事はおいしいのが一番。それには料理の腕を上げるしかないが、そのためには作り続けるに限る。年を取ると料理がおっくうになるのは面倒が先に立つからだ。面倒だと思うと作らなくなり、腕が鈍ってしまうのではないかと私は思っている。

そうならずに料理を楽しむには、**ちょっとした簡単な料理のレパートリーを多く持つことだ。**常にちょこちょこと作っていると、それほど腕は落ちずに、ひとり料理を楽しんでいける。

◆失敗料理もおもしろがる

なんでもそうだが、完璧を求めても完璧になることなどありえないと私は思っている。裏返していうと何事にも失敗はつきもので、失敗大いにけっこうということだ。

特に暮らしのこと、なかでも料理などは失敗しないと腕も上がらない。

私も料理の失敗は数知れないが、失敗料理の中でも「牡蠣ごはん」はいまでも忘れられない失敗の一つだ。

先ほど書いた同人会で、牡蠣ごはんを作った。ところが炊き上がってみると、ごはんが真っ黒。見た目が悪く、食欲が湧かない料理になってしまった。

それはなぜか。ごはんに入れる牡蠣に味付けをしたときに、牡蠣の内臓が出てしまったのだ。丁寧に作るには、一度味付けした牡蠣を濾《こ》して汚れを取り去るのだが、この手を抜いてしまった。さらに、炊き上がったごはんと内臓入り牡蠣をしゃもじで混ぜ合わせるときにもまた、牡蠣が潰れて内臓が出てしまった。だから真っ黒なごはんになり、牡蠣の形は崩れ、見る影もなくなったというわけだ。

もう一つの失敗は、「鶏ささみのチーズはさみ揚げ」。鶏肉の大きさ以上にチーズをはさんでしまったので、チーズが油に溶け出し、チーズはささみのはずが、ただの鶏肉揚げになってしまった。

まだまだ失敗料理はある。自慢じゃないが、私には料理の失敗談が多いのだ。

でも、私は失敗料理もおもしろがってしまう。

たとえば先ほどの牡蠣ごはんなら、味は悪くないから、海苔で巻いてしまえばおいしく食べられるだろうと切り替えるのだ。鶏肉揚げは、並べて上からチーズを振りかければ同じような味になると作りかえたりもする。

これがおもしろいのだ。失敗しても、なんとかおいしく食べられる工夫をしたくなる。失敗をそのままにするとただの失敗だが、そこから工夫して立ち直れば、それは失敗とは言わないと思う。

◆ヒントを聞いて新料理にチャレンジ

私の料理レパートリーは、そう多くはない。新しいレパートリーを増やさなければと考えてはいるが、なかなか増やすチャンスがない。

そこで、暇なときには料理番組を観ることにして、ちょっとしたヒントを得るようにしている。手元にメモを置いて観るようにするが、うっかりして忘れてしまい、ヒントがわからなくなることもある。

その点で新聞はいい。すでにメモになっている。毎日の料理記事だけでもヒントになる。厳密にその通りにしなくても、自己流で一回は作ってみる。すると、味の好み、作り方の手抜きなどがわかり、新しいレパートリーに繋がっていく。

友人からヒントをもらうことも多い。仲間と持ち寄りの集まりを開くと、みんなおいしい料理を提供してくれる。

すると後日、そのおいしさを再度楽しみたいと思うときがある。これまでに食べたことがない料理や、お馴染みの料理でもひと味違ったものと出会ったときなどだ。思わず、再現してみたくなる。

そうした新料理は、挑戦するにはもってこいだ。**試したくなると、すぐにレシピを聞き、材料を集めて、早速作ってみる。**

作っている間は楽しい時間だ。新たな発見や困難にも出会う。でも、そうしたことも楽しみの一つなのだ。

以前、「カレー風味のスジ肉煮込み」に出会った。

友人が作ってくれた料理だったが、再現したくてレシピを尋ね、材料を買い、そして試作に取りかかった。このとき初めてスジ肉を使ってみたのだが、こんなにもやわらかくするのに時間のかかる肉とは思わなかった。

でも、レシピ通りに作ってみるとすごくおいしくできたので、今度は味を披露したくなった。すぐに近所の友人に声をかけ、ランチ会を開いて食べてもらったら、私が想像していた以上に好評だった。だからこの煮込み料理は、誰にでも作れて、味にブレのない料理だったに違いない。

それ以降、スジ肉は安くておいしい肉というのが私の認識となった。

このように、自分の味に飽きると新料理に挑戦してみたくなる。それが決まって春先だから不思議なのだが、冬の苦手な私が、冬ごもりから目覚めて、新たに動き出すときということかもしれない。

また、春はタケノコ掘りの季節で、毎年、三重県四日市市にタケノコ掘りに出かけては、そのつどタケノコ料理の新作を友人と情報交換し合っている。

昨年は、タケノコのはさみ揚げを友人から聞き、中に詰めるあんに豚肉だけでなくエビや干しシイタケなども合わせたらいいと言われて試してみたら、食感がよく、思わず夏にも茄子のはさみ揚げで応用した。

新料理は、使用したことのない食材や新食感、新味に出会え、そのおいしさを楽しめるので挑戦しがいがある。

海外に行ったときも、ゴルゴンゾーラ入りポテトに出会い、すぐに作ってみた。すると、ポイントはワインビネガーだったことがわかり、意外な発見をして楽しみ倍増であった。料理への挑戦は、食べる楽しみを何倍にも引き出してくれる。

◆鍋料理にも、もう一品

先ほども触れたが、じつは私はあまり鍋が好きではない。

私の鍋といえば、馬鹿の一つ覚えのようにすき焼き。すき焼きも品数の一つとして扱う。ほかには、サラダ、蓮根のきんぴら、ネギ卵焼き、漬け物などを並べて申し分なしとする。

鍋料理は品数の一つとするのが、私の鍋とのつきあい方なのである。

たとえば湯豆腐にしても、それだけでは物足りず、また豆腐だけでは淡泊な食事すぎる。ここに、ゴボウ牛肉煮、キャロットシリシリ、ひじき煮などを一緒にする。こうすると、湯豆腐も一品として、おいしく楽しくひとりごはんができる。

料理の品数は、食事内容のバランスをとる点からも大切だと私は考えている。**品数が少ないと「ばっかり食べ」に繋がり、食事内容に偏りが出てくると思う。**

そうなると、身体にとって大変だ。バランスのいい食事にしていくには、料理の品数が多いほうがいい。

もちろん、すべて手作りではなくてもいいのだ。すでに書いた近所デリなどをうまく活用するようにしている。

これは鍋だけではなく、どんぶり、麺ものなどにも言える。とにかく単品の料理が多い昼食などにも、ほかの料理も添えることを私は心がけている。

単品料理は、中身が豊富でも、それだけである。ほかの料理を少し添えることで、食事内容を豊富に、バランスもよくできる。

じつのところ、単品料理の鍋にほかの料理も添えるのは、別の理由もある。

一生にあと何回の食事ができるのだろうと想像すると、この一回をムダにする

ことなく、できるだけ多くの料理を食べていたいと、日々思っているからかもしれない。

◆包丁研ぎは楽しみのとき

包丁が切れなくなると、とたんに料理がおいしくないような気がする。包丁が研ぎ澄まされていると、下手な料理だっておいしくなるようなのだ。この包丁と料理の関係に、私は最近まで気がつかなかった。

どうも料理がうまくいかない、もしかして？ と包丁をよくよく観察したら、切れないことがわかった。料理がうまくいくのは道具が使いやすいときで、特に包丁の切れのよさは、料理の出来不出来に大きく関係しているのでは？ と考えている。

「料理の先生から、しつこく包丁研ぎはプロに任せたほうがいいと言われたので、長年プロに任せてきたが、それでも思ったように切れ味が出ていない」と言った友人がいる。私も、包丁研ぎはプロに任せたほうがよく、自分では思うように研げないと思い込んでいた。

あるとき、仕事でどうしても包丁を研がなければならなくなり、トンカツ店をやっているいとこに習ったところ、本当に気をつければ自分でもできることを実感した。それからは機会を見つけては研ぐように努力して、ようやく自分の研ぎに近づくことができて楽しんでいる。

習ってからは、簡単包丁研ぎ器を使うのをやめて、研石を使い、本格的な包丁研ぎをしている。**研ぐには、素人の研ぎをサポートしてくれる包丁研ぎホルダーを使う。**この包丁研ぎホルダーはなかなか便利なものなのだ。

包丁研ぎが敬遠されるのは、包丁を砥石に当てるときの角度が微妙でうまくできないからだが、包丁研ぎホルダーを使うとその角度が一定となり、誠にうまく研げるから楽しい。

予定がなくて暇なとき、気持ちが落ち込んだとき、雨や雪の日など、私は包丁研ぎに専念する。

包丁研ぎは研石を水に浸さなければならないので、すぐには研げなくて、下準備にも時間が要るのだ。それを含めてゆっくりと研ぐ。細かく包丁を動かしているときは一生懸命で、一心不乱になる。この集中心が、ひとりでの達成の喜びを授けてくれる。

◆始末料理をきままに

ひとり暮らしでは、料理が食べきれず残ってしまうことがある。そんなときは、味や形を変えて始末料理を楽しむことにする。

ドイツにホームステイしたとき、ポテトサラダが始末料理だったことを初めて知った。ジャガイモをたくさん食べるドイツ人が、残ったジャガイモを活用したのが始まりだったとホストマザーが教えてくれた。マヨネーズで和えるのではなく、ビネガーとオイルでサッと混ぜ合わせた、素朴でジャガイモの味のするポテサラだ。

そのときに出会ったもう一つの始末料理は、パンを使った南ドイツの伝統料理だ。パンの残りを粉末にして小麦粉、牛乳、塩を加えてよく練り合わせ、沸騰したお湯に入れてお団子を作る。そこにショルダーハムを合わせて食べるのがクヌードルだ。

クヌードルには、ハーブなどを入れてもいいそう。塩味の効いたショルダーハムとマッチして、なかなか始末料理とは思えなかった。このクヌードルがさらに残ったら、砂糖をふりかけ、アイスクリームを添えるとデザートにもなる。

いずれも始末料理だが、食べるものをムダにしないドイツ人らしい発想から始まった料理だと思う。

日本でも、残りごはんで作った大根もち（もとは中国料理だが）は日本らしい始末料理だと思うし、キリタンポだって、考えてみれば始末料理の発想だったかもしれない。

私も、ドイツ人にならって時々始末料理に挑戦することがあるが、ほとんどは自己流である。

たとえば、ひじきの煮物が残ったら、豆腐を入れて白和えにする。肉じゃがはカレーに、ロールキャベツはクリームシチューにするなど、そのときの気分で、きままに始末料理にしている。すき焼きが残ったら卵とじにするのは一般的だが、先日、おからを入れる人がいると聞いて作ってみたら、なるほどしっとりとしたおからになっておいしかった。

ときには卵でとじるだけ、チーズをふりかけて焼くだけといった始末をすることもあり、料理というより始末を楽しんでいるようなのであるが、それはそれでおもしろがっている。

始末料理をおもしろがる

クヌードル

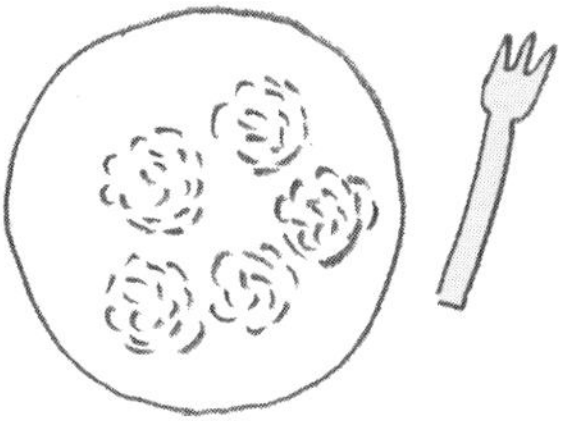

南ドイツの始末料理。硬くなったパンを粉状にしてまとめ、ゆでる。ザワークラウトやベーコンを添えてもおいしい。リンゴのコンポートやバニラアイスを添えるとデザートにもなる。

ドイツ流ポテトサラダ

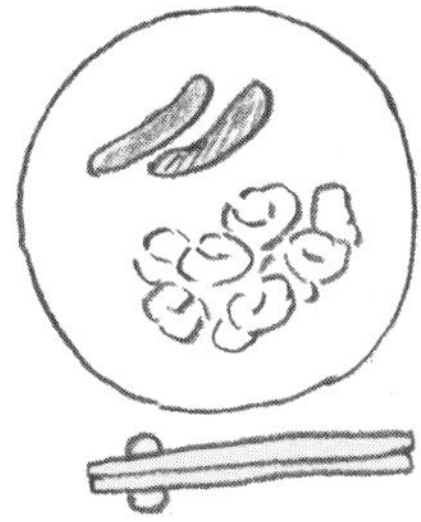

じゃがいもが余ったときのドイツの始末料理。皮をむいてふかしたじゃがいもをひとくち大にする(つぶさなくてOK)。ビネガーやバジルで和えて仕上げる。サッパリとしておいしい。

海外旅にもひとりでドンドン行く

ひとり行動が苦にならないから、旅もひとりが好きだ。

以前、大学時代の友人たちと海外バスツアーに出かけたことがある。名所見学と食事・就寝時間以外は、ずっとバスの中だった。海外の旅だったにもかかわらず、バスに揺られる時間のほうが見学する時間より長かったと思う。

そのバスの中で、私たちは始終しゃべりっぱなし。外の景色はたしかに海外ではあるものの、バス内はいつも友人宅でおしゃべりするのと、全く変わりのない状況だった。だから、その国の印象はというとほとんど覚えていない。

せっかくお金を払って旅しているのに、帰ってみれば、どこを見学したのかさえ記憶していない始末。おしゃべりしていた記憶のほうが強かった。といっても、しゃべった内容は忘れている。

これでは旅の意味がないと思った。それで私は、ツアー旅はやめることにして、きままなひとり旅にした。

旅はのんびりひとりがいい。もちろん、人と一緒だと話ができるし、感想を言い合えるし、食べる・飲むなども楽しいのだが、それは2～3人までのこと。4人以上になると、行きたいところ、歩きたい場所、観たい景色などもそれぞれ違うので、旅慣れた人に任せるような形になってしまう。

私は、自分の足で自由に歩きたいし、失敗してもいいから、興味のあることを探して旅がしたい。これは、団体行動に向かない証拠かもしれない。

冒頭の大学時代の友人なら、気心も知れているし、楽しいだろうなと思って行ってみたのだ。団体ツアーではあっても、ほかのツアーよりもたしかに楽しかったが、自由さ、気楽さはなかった。

それからは、話し相手、食べる・飲む相手などがいなくても、行動が自由になるひとり旅がいいと決めて楽しんでいる。

これは、ひとり暮らし40年の筋金入りのせいでもあるかもしれない。最近家族と別れてひとりとなった人とはちょっと違い、きままさ、自由さが身に浸みていて、年季が入っていると言ってもいい。**縛られることやモノ、人もない。行きたいときに行きたい場所にスッと行ける自由さは、手放したくない。**

割り切ってみると、旅の気ラクさはいいものだ。宿と航空券さえあれば、いつでもひとりで気ラクに出かけられる。好きな場所へ、好きな時間に行き、好きなところで食事して、好き勝手なときにワインを飲む。

景色を堪能し、興味を持った国や地域の人々と触れ合い、その人たちの暮らしを垣間見ることができるのだ。これが楽しくないはずがない。

団体旅行は苦手だけれど、ひとり旅が飽きないのは、私のワガママ・勝手な理由でもあると思うが、人生一度きり、それでいい。

◆知らない場所ほどおもしろい

見知らぬ場所や土地に行く旅ほど、ワクワク感が大きい。

知らない人たち、知らない店、知らない名所など、知らないことばかりで断然興味をそそられる。

一度行った大きな街も、一度くらいでは知ったとは言えない。見ていない場所や行っていない店も多く、二度、三度と行きたくなる。

電車やバスなどの公共交通機関は、国や地域によって違うからおもしろい。人に教えられて乗るのと、自分から路線地図を見ながら乗るのとではおもしろさが違う。

一度パリの地下鉄で、乗り換えをしようと、表示に従っているはずが何度も同じ場所に戻ってしまったことがあった。一向に乗り換えられず、ついにお願いして乗り換えを助けてもらった。パリの地下鉄の乗り換えはわかりにくい、という印象を私は持った。以後、パリへ行くときは地下鉄に注意しようと思っている。

ポーランドでは、車掌さんのチケット拝見で注意をされているのだが、言葉がわからずにそのまま通ってしまったり、スイスでは乗り越して罰金を支払ったりと、交通機関ではいろいろな体験をした。

そのどれもが、そのときは「えっ！」「あっ！」「しまった！」という気持ちになるのだが、数日すれば過ぎた日の思い出となる。

これが旅には欠かせない。昔の人が「旅の恥はかき捨て」と言ったように。二度、三度と行きたい土地や街は、これではダメなので、地図を片手に歩くことにしている。

昨年、前から何度も行っている街を友人と一緒に歩いてみたら、けっこう案内ができたので、身体に街が馴染んできたのだなと思っている。好きな街は馴染むまで行ってみたいと思う。

反対に、二度と行きたくない街や土地もある。海外に限らず、人口の少ない過疎の土地は苦手だ。理由は簡単で、私は人の暮らしが好きだから、人が少ないところには興味が湧いてこないのだ。

大勢の人が暮らすところには、いろんな暮らしが必ずあり、そのいろいろに触れるのが好きなのだ。人が少ないと、暮らしの種類も少なく、私の興味も減る。

旅は、時間とお金を遣い、自分の興味をどう満足させるかだと思う。

これからも私は興味のおもむくまま、きままな旅をしたい。少し年を取って、体力や気力などに不安はあるけれども、ひとり旅を続けたい。

さあ、どこへ行こうかな。

◆ホームステイはやめられない

１００人いれば、１００人の違った暮らしや生活があり、１０００人いれば１０００人分の暮らしと生活がある。暮らしや生活は人それぞれで、現在世界中に70億以上もの違った生活がある。その違いを知ることは、自分の生活を見直し、再発見し、再構築することへと繋がっている。

知識は、書籍や人との会話、新聞、ネットなどいろいろな情報から得られるものだが、体験はそうした情報からは得られない。

その手段の一つが、私にとっては海外ホームステイである。

私は体験で得たもので、生活を見直し、構築して、気持ちよく快適なシンプル生活へと変化させ続けている。これまでの海外ホームステイでの体験が、キッチンにモノを置かないというしくみなどのシンプル生活を実現させてくれたのである。

たとえば冷蔵庫選び一つにしても、冷蔵庫の役割、収納のしかた、それにともなう大きさや見やすさ、冷気循環のしやすさなどは、みなドイツでのホームステイで学んだことだ。

食器洗いについても、オランダでのホームステイで、食器を洗うのはどういうことか、どうしたら廃液が少なく食器が洗えるのかを体験したことから生み出された、私の食器洗いのしくみだ。

イタリアやスペインのホームステイでは、食事をおいしく作ることや、楽しく食べることを学んだ。そして人がイキイキと働き、自分の興味ある関心事を持ち続けることの大切さが、生きることに繋がっていることも知った。

生活の苦しさにも負けずにがんばり続けることは、フィリピンやミャンマーなどアジアのホームステイで知ることとなった。

体験は、私の人生にとって宝物である。

この手段を手放したくないと思う。身体は衰えてはいくと思うが、できる限りホームステイを続けていきたい。

20kgトランクがひとりで持てなくなったら15kgにして、それが持てなくなったら10kgまで落としてもホームステイを続けたい。それほどに、私にとって刺激的な体験を与えてくれる方法なのだ。

まだ知らない、体験していない生活は多いはず。もちろんホームステイは海外ばかりではない。日本でもチャンスがあれば、自分の生活以外を体験してみたいと思っている。

また反対に、私の生活を体験したいと思っている海外の人にも興味を持ってほしく、ホームステイの受け入れも歓迎したいと思う。

旅に出かけよう！

準備

私の旅の定番は海外ホームステイ。「ここに行きたい！」という気分で行き先を決め、ホームステイの受け入れをしているかを調べる。受け入れOKならステイ先を探し、決まったらその家族に手紙を書く。続いて航空券を手配。

移動中

飛行機の長時間のフライトも、12時間なら「３時間が４コマ」と考えれば読書や映画鑑賞であっという間。帰りの飛行機はいつもグッスリ。

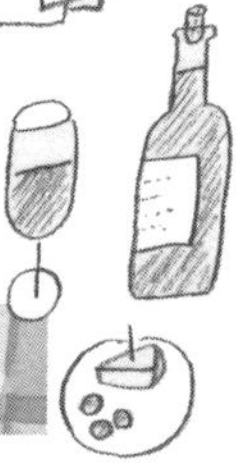

現地で

きっちり予定を組んで観光するのは苦手。あまり決めずに現地の雰囲気を楽しむことにしている。『地球の歩き方』（ダイヤモンド社）を必要なページだけ切り離して持ち歩く。必ず行くのが図書館や町の博物館、スーパー。個性があっておもしろい。雰囲気のいい飲み屋を見つけて一杯飲むことも！

いくつになっても「学び」を続けたい

家事とは生き方そのもののことであると私は考えている。誰のためでもなく自分のために、人生をうまく運ぶために必要不可欠なのだ。

それに、家事は「科学」だ。**家の構造や使用材質、家族構成などにより、汚れのつき方だって違う。どの家も同じようには汚れない。**

人が営む暮らしは人の数ほどある。同じようにひとり暮らしで、同じ集合住宅に住んでいても、その生活は違う。家事術も違って当たり前なのだ。

生活をうまく運ぶためのひとり家事の基本、**もっと手抜きをしてもいいと私は思っているし、そのしくみを研究していきたい。**

たとえば私の家は窓ガラスが多く、磨くのも大変だ。そこで、「窓ガラスは外壁」と考えるしくみを作った。雨の日に、窓用スクィージーを持って上から下へスクイージーを動かすだけ。これで、負担にならない窓掃除のしくみのできあがり。

自分で編み出したことは、自分の身体が覚えていて習慣になる。これが「ひとり学び」の大切なことだ。人に習ったことは、自分のものではないので、すぐに忘れたり、同じことができなかったりする。

ひとりで学び、経験し、習慣化すること。それが私なりの手抜き家事だ。

◆マイペースに英会話を

大学生のとき、これからは英語でも話せなければ社会人として役に立たないのではないかと、友人と一緒に英会話を習い始めた。

その後、社会人になってからも英語の勉強は続いた。海外ホームステイに出かけるようになってますます必要性を感じ、個人的に教えてくれる先生を、伝手《つて》を頼りに探した。

すると探した甲斐があって、スペイン人女性の先生に巡り合った。

彼女には10年という長い間、私の英会話習得を助けてもらった。ところが、一昨年に体調が思わしくなくなり、国へ帰ってしまった。

私のような中途半端な英会話は「慣れ」が大きく左右している。一度途切れて英語を使用するチャンスが減ると、この年だ。すっかり元のゼロ状態にまで衰えてしまった。最近では旅に出ても、会話が弾まない、言われたことが理解しにくい、つい日本語が出るなど、不都合も起きがちになっていた。

これではダメだと強く思う機会が増えて、最初からやり直しをすることにした。

そんなとき、近所で小学生に英語を教える先生が来ているらしいという情報をつかみ、早速聞いてみた。すると、個人レッスンも引き受けてくれるという。すぐに面接をしてもらい、習うことを決めた。

ニュージーランド人の若い男性の先生だ。日本が大好きで、どうしても日本語を習いたく、お金を貯めて一年間学校に通うという。

日本のどんなところが好きなのか？　と聞いてみると、日本には四季がある、桜が好き、温泉がいい、そして食べ物がおいしいからだという。若い人らしい興味の持ち方だなと思う。とても気立てのいい人だ。

無理のないペースで2週間に1回、1時間。料理や季節、仕事などのことを話していると、あっという間だ。私にとっては貴重な1時間になっている。

先生も料理が好きなので、料理の話では特に盛り上がれる。私は和風総菜のレパートリーが多いが、彼はニュージーランド出身で、自分のニュージーランド料理をスマートフォンで見せながら説明してくれる。とてもわかりやすく、すぐに作ってみたくなる。

たとえば、グリーンピースとベーコンのパイはおいしそうだった。

彼が手作りしてみんなに振る舞ったら、とても好評だったという。簡単だから作ってみては？　とすすめられた。

ヒントはパイ生地とオーブンだ。わが家にはオーブンがないので、具材に全て熱を通し、パイ生地も薄めにして、早速グリルで作ってみようという気持ちになっている。

まだこの先生には習い始めたばかりなので、これから先はどうなるかはわからないが、とにかくこれまでの英会話を頭の隅から引っ張り出しながら、再挑戦していくしかない。

◆渋谷区の水に興味がある

それから私は、素人ながら長く環境問題を考えてきた。

私が一番気になっているのは「水」のことだ。

オランダにホームステイをしたとき、あらゆる環境問題について学びを得た。なかでも水環境は重要だと、ホストファミリーをはじめ、いろいろな方たちに教えられた。

特に、水と深く結びついている「汚れを落とす薬剤」の使用について、多くを考えさせられた。

私たちは、衣類や住まい、食器など、さまざまな汚れを取り除くには薬剤が必須だと思い込んでいるけれど、それは水の多量使用を促し、あらゆる水環境へも影響を及ぼす。

世界の水は、人間という生き物だけのものではなく、世界中で生きるものたちのもの。そう理解すれば、水環境問題もほんのちょっといい方向へと向いていくかもしれない。

都会の水も、自然界から集められたものを使用しているわけだから、自然界へと戻すときには、排水内の不純物などをできるだけ少なくしなければならない。これは水循環を考えれば当然のことだ。

排水内不純物の影響は、下水処理場からやがては河川、海へと繋がって水棲生物に及び、さらに私たちの生活に再び戻るとき、不純物も戻される。こうしたしくみは、水が循環環環境を備えているからだ。

まずは自分の生活から考えなければならないわけだ。

それには、自宅を流れる水環境を知ることが大切なので、私が住む渋谷区という土地の水はどのように流れ、どこへ行き、どこで浄化されているか知る必要があると考えた。

この土地は、昔歌に詠まれた「春の小川」が流れていた場所で、いまは暗渠《あんきょ》になっているが、たしかに流れがあった。

私はこの渋谷の小川に興味を持ち、流れを辿るとどこまで行くのか、なぜ暗渠になったのか、それはいつかなども調べたいと思っている。

春の小川の役割と共に、現在の下水道や下水処理施設についても知りたいと思う。ひとり学びの興味は尽きない。

第3章　ひとり暮らしの心がまえ

すべての基本は〝ひとり〟にあり！

ここまで、ひとり暮らしのコツと楽しみ方を私なりに書いてきた。

ところで「ひとりとはそもそも何なのだろう？」ということを考えてみたい。

ひとりとは、家族や社会などからすると、基本の構成員だ。

「ひとりの自分」があり、「ほかのひとり」と寄り添って協力し、助け合うことで集まりとなっている。

だから、ひとりの自分の身体、気持ち、経済、生活、つきあい、労働がしっかり成り立っていないと、人の集まりはどこかがゆるみ、ときには崩れる。それは、自分にも影響がある。

「ひとり」がすべての基本なのだ。自分をシッカリと成り立たせなければ、身体も、気持ちも、生活だって崩れかねない。

◆考えることから始めよう

ひとり暮らしで大切なのは、まずは自分で考えることだ。

さて、何を考えるのか。

たとえば身体について。朝起きたら、急に背中が痛い。昨日までとは明らかに違うので、真っ先に考えるのは「医者」だ。たしかに、専門家に聞けば間違いないとは思うが、その前に自分の身体について自分で考える癖が大切だと私は思う。

考えるというと難しそうだが、最近身体を動かしていたか、血行をよくしていたか、重い荷物を長時間持たなかったか、などと身体に問いかけてみる。この問いかける癖、これを私流に「考える」という。

ちょっと問いかけるだけで、答えに繋がることが見つかるかもしれない。軽いストレッチをする、少し腕を振る、背中を温めるなどといったことだ。

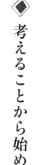

自分の身体は自分が一番よく知っているはずなのだが、大きな思い込みがある。身体は毎日変化なし、という思い込みである。

そして少しでも変化があると、医者を頼りにする癖もある（当たり前だが、突然頭が割れるように痛い、吐き気がするなどといった場合は別で、医者へまっしぐらだ）。

身体を考えるとは、ほんのわずかな変化を見逃さず問いかけること。自分の身体だが、本当のところ意外と知らないし、問いかけてもいない。

身体は機械に似ている。本当はどういう機械なのか、普通に動かし続けるにはどうしたらいいか、急な故障に対処するにはどうするか？　などを考えていくのが、ひとりで考える癖の始まりである。

身体だけではなく、仕事や生活のこと、気持ち、人づきあいなど、暮らしの要素について自分で考え、道をつけて、決定に結びつける。この癖や力がひとりには必要なのだと思う。

◆孤独なんてこわくない

ひとりっていいものだ、と私は思う。

誰にも気兼ねしなくてよくて、自分勝手にきままにできる。カッコつけることもない。誰にも伺いを立てずに決められて、自由な時間を束縛されることがない。本音のままでいい。よい点を挙げてみるとキリがないほどだ。**それに、なにより気持ちの自由を持てるのがたまらなく気分いい。**

〝孤独が怖い〟という人もいる。たしかに、孤独の意味を辞書で引くと「寄る辺なき身」「頼りになる人や心の通じ合う人がなくひとりぼっち」などとある。

でも、たとえばひとり暮らしで、コンビニのお弁当をポツンとテーブルに置き、ちょっと前かがみでスマホを触りながら食べているとする。本人は孤独だろうか？

いや、孤独を感じているわけではなく、むしろ気ラクさを満喫しているかもし

れない。でも他人にはそうは見えないようだ。傍からは「わびしい」「かわいそうに」「孤独だ」と映ってしまうかもしれない。

なぜか知らないけれど、昔から「ひとりはかわいそう」と決めつけられがちだ。

でも、果たしてそうなのだろうか。しょせん人は皆ひとりだと私は思うのだが。

私は長年、ひとり暮らし。若くて忙しいときには友人から、恋人もなくかわいそうがられていた。本人としては仕事に夢中で、そんなことどころではなかっただけなのだが。

この年まで悠々として見えるのは、「孤独と親しくなった」からだろう。忙しかったときもそれ相応に孤独に親しんだから、いまさら孤独が怖いとも、嫌だとも、さみしいとも、かわいそうだとも思わない。

若いときに私をかわいそうと言った友人も、年を重ね夫婦二人きりになり、のびのびと人生を謳歌していると思いきや、ひとりでポツンと私を訪ねてきて「阿部ちゃんは自由でいいわね」などと、孤独っぽさを漂わせている。

孤独でさみしいかどうかなんて、他人にわかることじゃないが、ようは自分の暮らしに満足しているかどうかだ。満足していれば孤独なんてありえないし、あったとしても怖さもないし、かわいそうでもない。

ただ、孤独は満足していないと忍び寄ってくる、見えないオバケのようなものだ。

ひとりで居ても、二人で居ても、誰と居たって、満足した暮らしを送っていれば、孤独との縁は遠いと私は思う。

◆暮らしをひとりで動かせるようになる

私は長年、生活研究家として快適で心地よい暮らしについて研究してきた。

「暮らし」とひと言で言っても、じつは複雑で、けっこう大変な要素がたくさんある。暮らしの基をなすのは衣食住からなる〝生活〟だが、それ以外にも暮らしには仕事（働く）、つきあい、学び、お金のことなどの要素も含まれている。

衣食住の「衣」一つとっても、買うことから始まり、着用・洗濯・手入れ・収納管理、さらに廃棄に至るまでの軸がある。

つまり、ひと言で暮らしといっても中身には膨大な要素を含むし、含まれた要素を確実に〝動かし続けること〟まで入れての、暮らしである。**ひとり暮らしは、こうした要素をひとりで動かし続けるということなのだ。**

暮らしの基となる衣食住、なかでももっとも大切なのが「食」である。

これはいまになったからわかることで、昔私がひとり暮らしを始めた20代の頃の食を思い出すと、あきれるほどお粗末だったなと思う。

たとえば、プラムをお湯に入れて煮るだけの簡単なプラムジュースを作ろうと思い立つ。まずプラムを購入するのだが、この時点から間違っている。ジュースを作るには、赤く熟したプラムが適しているのだが、プラムに赤と緑があることを知らず、緑のものを買う。すると、ピンクになるはずのジュースが黄色になる。ガッカリした私は、あっという間に廃棄してしまう。そのまま煮詰めればジャムになることを知るのも、もっと後だった。

20代の頃は食がおろそかだったから、身体も、気持ちまでもが軟弱だった。私は、頻繁に体調を崩しては医者の世話になっていた。

ひとりで暮らしているのは事実でも、その中身の質といえば、とてもひとり暮らしと言えたものではなかった。

ある友人は、洗濯でひと手間かけることを知らず、すべて洗濯機に任せていたそうだ。それでは襟や袖口部分の汚れは落ちないので、洗濯機でキレイにするのをあきらめ、汚れるたびにクリーニング店を頼っていたという。

いま思い返すと、煮るだけのジュース一つ作れない、洗濯も満足にできないのだ。ましてや膨大な要素を含んだ暮らしを動かすことなどできっこなかった。

ひとりで暮らしをシッカリと成り立たせ、動かせるようになることを「一人前」というのだと私は思う。

ひとりの不安とどうつきあうか？

ひとり暮らしを確かなものとするには、とにかく経済的自立が欠かせない。

先日、これまで働いて定年を目前に控えるという人から質問があった。

「私は来月から月11万の年金生活に入るが、年収が少なく、今後とも働き続けなければならないと思うと不安です。貯蓄も2千万ないと余裕のある暮らしはできないと巷《ちまた》では言われています。年金が少なくても、楽しく暮らせるアドバイスをお願いします」とのこと。

私の答えは、「不安がる前に、自分の暮らしについて分析を。どんな暮らしをしたいのか、どのように経費をかけるかを考えて、いざというときの積立などを把握すること。私の場合は年金月5万だから、働いて暮らすしかないのと、幸い働くのが好きだから、身体が動くうちは働く選択をしている」である。

その後、私の本を読んだその方からは、「本の中に、70歳で３千万の貯蓄をしておきたいと書いてあり、う～んと目が止まり、かえって不安になった」と返事があった。

経済的自立の価値観は人それぞれだが、最近、単純に貯蓄額だけを直視しがちではないだろうか。

私が考えた貯蓄金額の３千万とは、「身体がまったく動けなくなってから死までに必要な金額」である。死までにかかるお金さえも自分で確保した「完全自立」をしたいと私は考えたからだ。

この数字は、友人の母親が寝たきり状態になり死に至るまでの金額から計算したものだ。10年間で一千万だったという。

この死までの経済については、いつ、どうなるかなどわからないことであるから、誰しも考えたくはないものだ。でも、経済的自立を目指すのなら、考えなければいけないことでもある。

こうした情報は、とかく金額だけがひとり歩きしてしまっていると思う。

情報の条件を見落としがちではないだろうか。**数字だけではなく、背景を考**

え、活かせる情報か、活かせない情報なのかを見極めることが大事なのだ。

それには自分にとって都合のいい情報だけでなく、不都合な情報も合わせて見極め、その上で判断すべきである。

先ほどの方の場合、年金が月11万なら寝たきりでも貯蓄金額は2千万もいらないと思う。私の場合は月5万だから必要なのだ。

私が考える経済的自立とは、死までの経済のことを指している。この先には定年後の夢物語だけがあるのではなく、「生老病死」が、つまりここから先には老病死が待ち受けている。これを忘れたくはないし、その上で楽しい暮らしをしていければいいいと思っている。

◆健康づくりは無理せず、自然体で

ひとりが全ての基本だから、自分が倒れたらそこで暮らしはストップする。

これが、ひとり暮らしの不安材料の一つでもある。若くて、体力や気力、持続力などがあるときは、倒れそうになってもカバーできる力が残っているが、年を取ったらそうもいかない。カバー力さえなくなってくるから、無理は禁物なのだ。

ひとり暮らしは、年相応の健康な身体があってこそだが、**といって若いときの体型や健康を求め、無茶な体力づくりや健康食品にチャレンジして身体を壊したり、経済的負担がかかっては元も子もない。**

友人の母は、80歳を過ぎてから健康を気づかいジムに通い出したそうだ。80歳を過ぎてジムに行くというのがすごい！　と私は思ったが、なんとその上、筋トレマシーンを使用したという。どれほど健康を心配したのだろうか。ジムでマシーンを使った直後は大丈夫だったそうだが、帰り道、歩けなくなるほど疲れきっていることに気がついた。「母は家まで辿り着くのもヘロヘロだった」と友人は言う。その後、二度とジムには行かなかったそうだ。

それは当たり前だと私は思う。もちろん、年を取ったときの体力は人により違うが、**これまで一度も体力作りをしてこなかった人が、急に歩いたり、走ったり、マシーンを使ったりして、すぐに体力が取り戻せるわけではない。**

私もこれまで体力作りなど考えたこともなかったし、何もしてこなかった。ところが最近になり、体重の増加に気づいて、熱量消費をしなければと住居区の無料ストレッチとリズム体操講座に参加してみると、思いのほか楽しかった。気に入ったのは、疲れるのだが、音楽に乗ってのリズム体操。

ただ、それも通いたい気分のときにきままに行くので、一向に体重は減少しないし、体力維持もできているかどうか不明だ。

年を取ると、誰しも体力維持を望み、健康願望が強くなる。とにかく元気でいたいのだ。

それは、暮らしの不安が健康不安と直結しているからかもしれない。充実した暮らしは、自分が元気でいてこそ成り立つからだ。

しかし、年を取るということは、体力低下、気力低下、集中力低下に少しずつ進んでいくということでもある。**若いときと同じを求めてもしかたがない。年は年なり、自然体でいくしかない。**

無理してギアを切り替えようとしても、かえって不調になるばかりだ。

無理できる人はほどほど無理していいが、無理のきかない人はなんでも少しずつ、自分流の自然体でギアチェンジするしかない。

健康損ないはしかたがないと受け入れて怖がらずに、損ない方も人それぞれ自然体でいいのだと、考え方を切り替えていくといい。

◆人とつながっていないと不安になる?

不安はほかに、どんなときにやってくるのか。

たとえば、スケジュール空白症候群と呼ばれる人たちがいる（私が勝手に名づけたのだが、手帳がギッシリと埋まっていないと不安になること）。

何かをしていないと落ち着かないらしく、スケジュールに空白の日があると埋めたがる。言い換えると、誰かと繫がっていないと不安になるようだ。

家の中でひとり、何もすることなくぼんやりしていると、他人はドンドン進歩しているのに自分にはやることがなく、世の中から取り残されているような不安が湧いてくる。

ひとりで居るということだけではなく、他人や社会と離れることへの不安である。こうした気持ちがスケジュールを埋めさせて、動くことで自分の存在を確かめているのだと思う。

でも、**それは、「ひとりでいること」に自信が持てていないからではないだろうか？**

あるいは、「ひとりが基本」との考えを持てていないからかもしれない。どうしても、家族、会社、グループ、友人など、帰属するところや繋がりを持とうとする。どうもどこかに属していないと不安がやってくるようだ。

でも、ひとりのあり方は、自由できまま、気の向くまま。

いつでも、どこへでも勝手でいいのだ。だから、わざわざ人と繋がって自分を確かめることもない。

スケジュールを埋めなくても、ひとりの自覚さえシッカリ持っていれば、不安にはならない。不安なときは、動いても、動かなくても不安はある。もし不安になったら、不安の正体を見つけ出せばいいし、見つけたら追い出したらいいだけだ。

◆悩んだら〝どうして〟より〝どうすれば〟

誰しも悩みはある。かくいう私にだって、多少の悩みはある。

太って足腰が弱くなったことだ。衣類については後で書くが、着るものがほとんど入らなくなってしまった。単純に太っただけならいいが、足腰が弱っては仕事ができなくなってしまう。

ある人は、あるときから忘れっぽくなったと感じて「どうして忘れっぽくなったのだろう」と悩み、信頼している医師に相談した。

相談した時点で、彼女は悩みを吐き出してスッキリしたのだ。ところが相談された医師は「もしかしたら認知症？」と考え、診察をすすめた。スッキリしたと思った彼女だったが、そのときハッキリと「ノー」の意思表示ができずに、医師がせっかくすすめてくれるのだからと従うことにした。

ここに、悩んだときの分かれ道があると私は思う。

悩みにもよるが、忘れっぽくなった、転びやすくなったなどは、年を取れば誰しも一つや二つはあって当たり前だと、私ならやりすごす。でも彼女は看過しなかった。もしかしたら何か悪い病ではないか？　認知症ではないか？　脳に異常があるのでは？　などと、「どうしてだろう」と悩んだ。

「どうして」「なぜ」と思っても答えなんて出ないことのほうが、年を取ったときには多いと私は思っている。

そんなとき、昔流では「受け入れる」「受け止める」「受け流す」などと、やんわり、さらりと回避してきた。答えの見えない、わからない、不明な悩みなどを回避し、「しかたなし」「それでよし」「問題なし」との答えにしたのだ。

もちろん、ハッキリと答えのあることをハッキリさせないのは問題ありだが、年齢による病、心持ち、悩みなどといったものは、ハッキリとした答えがあるようでないことも多いからだ。

「どうして」ではなく、「どうすれば」を考えるのが大切だと思う。

「どうして」と悩んでさらに悩みを深くさせることはない。たとえば太ったなら、どうして太ってしまったのだろうと悩むよりも、どう熱量を消費すればいいかと考え、運動をして体重を減らせば、足腰もシッカリし、衣類も着られるようになる。

真面目な人ほど「どうして」が先行するが、ここは「どうすれば」を先行させるほうが悩みの回避が早い。

また、ときには「しかたなし」とのあきらめも必要だ。あきらめるとは完敗ではない。答えの出ないことをいつまでもグズグズと引きずっているより、スパッと次の未来に向かうほうがよりスッキリと気持ちを切り替えられる。

私は、気持ち切り替えの呪文「ま、いっか」を使っている。

選んで決めて、生きていこう

現代は、すべて自由に選べる時代だ。

少し前までは選ぶ自由が少なかった。男性中心の職業を女性が選ぶことは難しかったし、もちろん女性の職種に男性が入り込むことも大変だった。

しかし、いまは自由だ。垣根がかなり低くなり、誰でも選んで生きられる時代だ。選べることは素晴らしい。

もちろん、選ぶリスクもある。選択してもしうまくいかなかったらと考えてしまい、自分で決める自信がない人は多いという。

どんなことでも結局決めるのは自分だと私は思うのだが、どうもそうではないようだ。

どうして自分で決める自信がないのだろう、と考えて気がついたのが、いまの

人たちはとにかく「完璧主義」だということだ。

生きる道に待つゴールは、そうそう簡単に見極められない。待ちうけているのは、必ずしも栄光ばかりとは言いきれないのだ。挫折、屈折、奈落、脱落、転落などもある。

生きる道の先は、未知。ゴールなどわかりようがないのだから、自分で選ぶと決めて進むしかない。先を急がず、結果を探さず、答えも出さず、完璧など求めても意味がない。**自由きままに、自分で決めたら、ケ・セラ・セラで1m先を行くしかない。**

もし行く先が荒野の一本道とわかっていたら、私は進みたくない。未知はわからないからいいのだ。

未知を進む間には、高原を眺め、山に登り、谷に一服し、河を渡り、森を抜け、草原の道を行くときなどもあるだろう。また落石、雪崩、山崩れ、土石流、噴火、地滑りなどもあるかもしれない。1m先くらいは見極められるだろうが、10m先となると何が待ちうけているか不明なのだ。

行き着いた地点で、また先を決めて進み、失敗したら戻ればいい。

失敗しない道なんてありえないと思って進めば気もラクになる。完璧にとガチガチになっていると、まわりを見渡す余裕まで乏しくなる。

美しくて、おもしろい景色を見損ねてはつまらないと私は思う。

◆迷えるのも自由だからこそ

私が朝起きて、真っ先に考えるのが「今日、何食べよう?」だ。これは朝ごはんのことではない。まず夕ごはんを考えるのが癖になっている。夕ごはんを考えてから、昼ごはんだ。そのために一日がはじまるようなものだ。

でも最近は、この夕ごはんに何を食べるのかを迷うようになった。ひとり暮らしではほかに食べたいものを聞く人はいない。自分に問いかければいいのだが、迷っている。

夕ごはんは、大ざっぱに肉、魚、卵、大豆、乳製品のうちのどれをメインに食べたいかで決めているが、このメインに迷う。ときとして、大根とこんにゃくだけのおでんといったような、たんぱく質の入らないメニューになってしまうこともある。

これまでの私は好き嫌いがハッキリしていたので、なんでも迷うことなく決めていた。**年を取るにつれ、よくいえば角が取れてきたということなのか、決断が鈍くなってきたように思う。**

食べ物で迷っているときではないが、最近は自分の進行方向にも迷うことがある。最後まで現役でいたいと思う反面、先輩たちを見ていると、いや、一生現役でいられる人などは世の中のほんの一握りだなと思うこともある。

だから、いつ退くか、ここに迷っている。ひと昔前までは定年が引退のタイミングだったが、いまとなっては寿命が延び、65歳などでは引退できない。

では、いつなのだろうか？　10年の延長か、15年だろうか。それによっては定年後の暮らしがガラリと違ってくる。

長くフリーの仕事をして、定年などないと思い込んできた私だが、近頃ではフリーにも定年はあると思い始めている。というより、一度きりの人生なのだからと、一つの仕事に縛られるのではなく、いろいろ挑戦する人が増えている現実がある。

知り合いの勤務医は、体力的にも能力的にもまだまだ現役バリバリだったのに、まともに65歳で現役を引退した。勤め方を変えるのかと思いきや、そうではなかった。隠れ家を借り、そこで趣味の料理をして暮らしている。ときどき友人たちを招いては料理を披露するのを楽しみとしているらしい。これもいいなと思う。

現役引退、このことに私は迷うようになっているのだ。**それでも、迷えるのも自分で選んで生きている証拠であって、この選択ができるのが嬉しい。**

選んだ道が行き止まりでも、ガッカリしない。また戻って選び直せばいいからだ。道は行ってみないとわからないので、とりあえず進んでみよう。

その気になったら、現役も一度引退してみよう。行き止まりなら戻ってくればいいだけだ。そう考えると、選べる道は一つではない。迷うのも自由で楽しい。

◆自分なりの判断基準を持とう

生きることは取捨選択の連続だと私は思っている。この取捨選択をいかにしていくかが、楽しい生き方・暮らし方に繋がっているのだ。

取捨選択は、「基準」がなければなかなかできない。ひとり暮らしの場合は特に、自分の基準を持つことはとても大切だ。

基準は自分なりだから、人と同じじゃなくていい。

たとえば、趣味について。私も若くて経済的余裕があったときには、お金のかかるゴルフなどを趣味にしていた。だが、この年で経済的余裕がなくなって、それはできない趣味となった。

代わりに、経済的負担の少ない「読書」に切り替えた。読書も話題の本はお金がかかるから、図書館で借りられる本、人から譲り受ける本などで間に合わせてもいい。つまり、新品でなくユーズドでも問題はないと決めている。

あれこれと私の趣味を思い浮かべてみたが、貧しいかな趣味と呼べるものが読書と映画や音楽鑑賞だけだった。映画や音楽も、年に数回で間に合っているから、私にとっての趣味の基準などはこれくらいでいいと考えている。

友人のひとりは、豪華客船で数か月間旅する趣味を持っている。それはそれで、経済的なゆとりもあって悠々の趣味でいいと思う。が、せっかちな私としては、数か月もの船上暮らしは時間がもったいない気がして、性格に合わない。

旅はせいぜい一週間くらいが私にはちょうどいいが、彼女は違う。

このように、基準や価値観はみんな違う。でもこうした基準が全くないと、生き方も暮らし方も、ブレて先に進まない。

それから、**もう一つある私のものさしが「直感力」だ。**直感力、つまりインスピレーションのこと。自分のものさしとして大切にしてきたし、これからも重要だ。

言い換えると「勘」なのだが、自己の内面に育った勘は、元々あったもののような気がしている。だからそれを信じることが、選び決めるときの私のものさしになっている。仕事を選ぶ、人とつきあう、旅に出る、買い物する、レストランを決めるなど、いろいろな場面で私はこのものさしを活用している。ときには失敗することもあるが、この「勘ものさし」はかなりの確率で当たる。

勘ものさしがあると、結論をすぐに出しやすい。**結論が早いと、失敗したとしても、取り戻す一手を素早く考えられる。**フィギュアスケーターが一度目の4回転を失敗しても、次の回転で取り戻すようなものだ。

どんなことにも失敗はつきものだから、失敗するのはしかたがないことだ。失敗したくないと完璧・潔癖を望んでも、うまくいかないときは必ずある。そんなときは、あきらめるという選択肢もいる。私の都合のいい呪文「まいっか」がそれだ。これを言いながら、次へ踏み出すことにしている。勘だってときには外れることもあるからだ。負け惜しみかもしれないが、失敗が多いほうが暮らしは楽しくなると思う。

◆自分の意見をシッカリ持つ

どうも、人はさみしがりやの生き物だと私は思う。最後はひとりだとわかっているのに、どうしてもひとりになりきれない。

何かあるたびに人に相談し、頼る。**自分の意思をブレさせずにはなかなか生きられず、とかく左右されがちだ。**子どもの頃は親に、青年では友人に、大人では連れ合いや同僚に、そして老いては子や孫にというように。

左右されない意見や意思を持っていたとしても、多くの反対意見にあうと、やはり左右されて揺れる。現代は多数決の世の中だから、少数意見の自分が変なのかな？　と自分を疑って、つい大勢に同調してしまう。

私の身近ないい例が、住居の管理組合で、総会の議案に反対してシッカリと意見をいう人が本当に少ないことだ。**自分の住居のことなのだから、賛成でも反対でもどちらでも意見があるはずなのに、ほとんどは事なかれ主義の人たちだ。**理事会が決めればいいと考えているあなた任せの人たちで、ガッカリしてしまう。自分の意見を持つことは、とても重要なことだと思う。

前にも少し書いたが、私はおよそ30年前から環境問題についてずっと関心を抱いてきた。環境あっての私たちの暮らしだから、関心を持たずにはいられなかったのだ。

だから東日本大震災が起こったとき、原子力発電反対という気持ちを前よりもっと強く持ち、積極的に集会にも参加してきたし、いまでもこれからも変わらない。あの災害で現在もまだ立ち直れずに悩み、住居地に戻れずに苦しんでいる人たちが大勢いる。帰還地の放射能汚染が減少しても戻れない人たちだ。

震災直後は、都会居住者たちも電力使用を考えようと、それぞれが意見を持っ

ていた。それがいまはどうだろう。私をはじめ、他人事のようになっている。

そのこと自体を忘れていたり、あるいは考えたくない、思い出したくないのかもしれない。暑い、寒いといっては電力使用量をアップさせ、原子力発電の話題すら上らない。自分の意見を左右されていいのだろうか。

ひとりが基本なら、**「ひとりの意見」も基本だ。**意見を持つことが必要だと思う。

まずは、友人たちと食事に行って注文をするとき、「私もみなさんと同じで」ではなく「私はこれ」と言えるようにしてみよう。

第4章 ひとり時間のつかい方

いまの時間づかいが未来を作る

時間は有限だ。一日は24時間と決まっていて、36時間ほしいと思っても、それは叶わない。時間だけは誰の上にも平等だ。

時間の消費をうまくしないと、一生がもったいない。ダラダラとネットやテレビを観て過ごし、時間が過ぎていくのは一番もったいないのだ。

時間を忘れるほど夢中になれるものが、あなたにはあるだろうか？

もう年だから夢中になんてなれない、かつて夢中だったものもやめてしまった、という声が聞こえてきそうだ。

でも、本当にそうだろうか。探していないだけかもしれない。年だから、若くないからは、関係ないのではと私は思う。

極端な言い方をすると、この先には「老病死」が待っているだけだ。それまでの時間を自分のために有効に消費しなければ、生きている、生きてきた甲斐がなくなってしまうのではないだろうか。

たまには一日何もせずダラダラ過ごすのもいい。しかし一週間、一か月と、何もしないで過ごせるものだろうか。

未来は未知で、誰にも予測などつかないが、夢中になることもなかった先の未来に何かがあるなど私には考えられない。

「いま」このときが大切なのだ。いまをコツコツと大切に過ごした先にこそ、未知が見通せる。

そう、夢中になれることを探すのがいい。簡単には見つからないものだと思う。**見つかるまで一生かかってもいいではないか。**見つけたときが死の間際でも、何も見つからないよりはいいかもしれない。

夢中になれることとは、どんな状態になってもやりたいと思えること。だから、一生をイキイキとして過ごせるに違いない。

夢中になってやったけれど途中で飽きる、嫌になる、面倒になるということはある。それなら、次を探すまでだ。

◆いまが充実すると、未来の変化にも対応できる

いまの時間づかいが大切なのは、いまが土台となって未来へと繋がるからだ。
私の母は40代で習いごと（華道）を始め、習う側から教える側にまでなった。だが、70代のときにこれまでの教え方ではダメだと気がつき、教えながら自分も習い続け、習いごとの充実した老いを迎えた。

もちろん、老いを歩むに従い、さまざまな変化に出会うことになる。それは「体調の変化」だ。

母は90代になり、腎機能の低下、骨折などを経験して、これまでの習いごとを続けられなくなってしまい、断念。施設生活となったのだが、それでも生活環境の変化から立ち直り、その後は違う習いごと（書道）に挑戦。いまでは人生終盤の充実を得ている。

母の人生を後ろから見ていると、いまというときを充実させる時間づかいをしていると、未来での変化にも対応ができるのだなと感じる。それは、自分が夢中

になれることに時間をキチンとつかってきたということだと思う。

中途半端な時間づかいをしていると、いつも気持ちが満たされず、どこかに不満が残って、それを解消するために未来に希望を託してしまう。

でも、未来は未知だ。思い通りにいくはずもなく、ましてや老いが寄り添ってきては、予想外の変化が起こり、邪魔さえしてくる。そうなると思い描いた未来は遠くなり、充実感はますます遠くなる。

人生の最終章を充実させたいと誰もが願うが、これればかりは未知だ。未知を確かな手応えにしていくためにも、いまを充実させるしかないのだ。

夢中になれること、夢中でなくてもやりたいことを探す。充実した時間づかいをしていれば、未来もきっと同じように充実してくるはずだ。もし未来に身体や経済、生活などの変化があっても、どう考えて受け入れていけばいいのかがわかってくる。

◆元気でいられる時間を有効に

私のまわりの先輩のほとんどは、80歳を過ぎたあたりから身体のどこかに不調が起こっているようだ。といっても、体調の変化ばかりは人それぞれ。先輩たちは昭和一桁生まれで、戦争中が学童だった人たちだ。その次の二桁生まれになると、70歳を過ぎた頃から不調を訴え始めるようだ。

つまり、身体変化が現れ始めるのは、世代にもよると思うのだが、大ざっぱにいうと70代半ば頃から80歳過ぎ頃なのではないかと私は勝手に思っている。

それは言い換えると、元気でいられる有効時間のことなのだ。

本当は誰もが死の間際まで元気でいたいと思ってはいる。が、そう思い通りにはいかない。**本当に元気でいられる時間は大して長くはない。**

私自身、「だんだんモノ忘れしやすくなった」「姿勢が悪くなってきた」「素早い行動がとれなくなった」「おっくうごとが増えた」など、ちょっと前の60代とは元気度が違うと感じる。

いつまでも、（60代のときのような）元気でいられるとは思えない。いまの元気さを保ちたいと思ってはいるが、先のことは誰にもわからないのが現実だ。それなら、この「いまの元気さ」でいられる時間を、思い切ってつかわなければ損になるし、もったいない。

人生１００歳時代といわれるが、私は違うと思っている。

いま１００歳の人たちは、戦争中に青年だった人たちで、生死の境の戦争までも経験して、その中で生き抜いてきた選ばれし人たち（誰が選んだかは不明だが……）だと私は思う。そして、90代、80代の人たちも若い頃戦争を経験している。だからこの世代の人たちまでは、生き残りの遺伝子を持っているのかもしれない。

しかし、戦後の私たちは違う。過酷さを経験していないから、生きるのに弱い遺伝子しか持ち合わせていないのではないかと私は思っている。だから、私の残り時間を考えても、せいぜいあと10年か15年あるかどうかだ。

とすれば、ウカウカとしてはいられない。10年はあっという間に過ぎていく。

過去の思い出だけにすがりついていてもしかたない、戻らないのだから。

少なくなった未来を見据え、いまこのときをやりたいことで充実させて、コツコツ歩を進め、願わくは時の経過で出会うおもしろいことを探して生涯を終えるのがいいと、私は思っている。

◆やりたくないことほど先にすませる

いま70代の入り口で思うのは、過ぎてきた60代、本当に私はその時間を過ごしてきたっけ？　と思うほど、目まぐるしく速く過ぎたということだ。70代はもっと速く、80代は起きたら夕方？　という感覚で時間が過ぎていくのだろうと思う。

それほど、年を取ってからの時間の経過スピードは速く感じられる。

自分の持ち時間を考えると、やりたくないことは短時間でサッサとすませるのが、時間の有効利用というものだ。

たとえば、私の家のベランダにはよしずを立てかけてある。夏の直射日光を防ぐために使っているが、よしずは天然素材だから、傷みが早く、3つのうち一つを廃棄しなければならなくなった。廃棄するには、よしずを折り、短くしなければならないのだが、この折り曲げて廃棄準備する時間がなかなか取れなくなっていた。

日々の生活時間を優先すると、こうした始末時間が取りにくくなってきている。客間の机に座るとよしずが目に入ってくるので気にはなっているが、冬だったり、雨の季節や直射日光が直撃するときだったりと、なかなか準備ができないのだ。廃棄しなければ……と思ってから、一年があっという間に過ぎてしまい、さすがにダメだと、春先にようやく一時間ほどかけて廃棄をすませた。

やりたいことに優先して時間をつかってしまうと、やりたくないことにつかう時間がドンドン遠のいて、積み残される一方になる。

たとえば、片づけ。そのうちに、そのうちに……と言っているうちに、モノはドンドン置き去りになり、押し込められ、始末忘れの状態になっていく。ベランダのよしずではないが、取り立てて不便を感じるわけではないから、片づけなければと頭では思っていても身体は一向に動かない。

年を取ったら、やりたくないことほど先にやってしまうのがいい。自由につかえる時間を少なくしないためだ。24時間をいかに配分して、やりたいことに割く自由時間を多くするか。

優先順位のつけ方を間違えると、自由時間すら取れなくなってしまうから気をつけたい。

やりたいことにつかう時間配分だが、**やりたいことの項目があり過ぎても、時間は分散されてしまう。**本当にやりたいことは絞るべきだと思う。多すぎると、それだけで時間は終わる。やりたいことにも優先順位をキチンとつけておきたい。

とにかく時間のメリハリをつけて、有限時間を有効につかっていくことにしよう。

◆今日できる一つひとつを丁寧に

よしずの片づけのように、たった一時間かければすむことがなかなかできなくなるのも、年を取った証拠だ。

「後でやろう」「今度やろう」「冬が過ぎたらやろう」「いつかやろう……」などとついつい先延ばしして、やろうと思うのだが結局やらないで終わる。やらないというより、できないことも多い。年を取るとできなくなることが増えるのだ。ちょっと前までは難なくできたことが次第にできなくなる。

たとえば、換気扇の油汚れの掃除などはいい例だ。「後でやろう」と何度やり過ごしてしまったか！　年に一回のことなのに、できない。日々の生活に支障がないとなれば後回しになる。

そうするうちに時間は過ぎ、一年などはすぐに経過して10年もあっという間。そのうちに身体が動かなくなってそのままの状態となり、汚れは溜まり放題となる。

ひとり暮らしは特に指摘する人がいないから、残し放題になることが多い。心していないと、積み残しは重なってくる。衣替えのときは衣類を見直し、不用な衣類は始末する。汚れは定期的に取り去り、できなければ人に頼んで始末しよう。

今日できることは先に延ばさず、ほんの少しずつでもやることだ。

言い換えると、**今日できることを一つでも、丁寧にやり切っていく。**丁寧にやれば気持ちがいいし、達成感のほうが大きい。その連続で時間を過ごしていけば、一日は有効に過ぎていく。

やる、やらないについてもハッキリさせよう。今日は疲れて何もしたくない、というときもあるはず。そんなときは身体を休めることを優先して、徹底的にダラダラとしていよう。

休めるときに何かしようとすると、かえって空回りな時間となる。ダラダラ時間も有効時間だ。**ハッキリさせれば、ダラダラ時間にも意味がある。**

ひとり暮らしはこのメリハリに曖昧さがある。だからハッキリさせる必要がある。

時間づかいは、人生の道でもある。最後に「ああ〜おもしろかった、いい道だった」と思えるかどうかは、年を取ってからの時間づかいにかかっていると私は思う。

◆家族のための時間づかい

もっとも人の役に立つ時間づかいといえば、身近な人のためにつかうことだ。身近な人とは、自分を含めた家族、そして近所の人だろう。

といっても、すべての時間をつかうのではない。**私の場合、家族のための時間づかいはせいぜい月３日だ。**これ以上はつかわないと決めている。

親が年を取ってくると、何かと子どもに頼る傾向があるが、大人として自立しているなら、何ごとも自分で考えて決めるべきだ。何か決定に迷ったとしても、たかが知れている。国家や自治体を動かすわけじゃないし、自分を動かす決定を少し間違えたとしてもわずかなことだ。

他人に迷惑をかけては困るが、そうでなければたいしたことはない。自分で考えて決める習慣をつけたほうがいい。

私の母の施設入居に際しては、私たち姉妹で決めた。これはしかたがなかった。母は骨折して動けなかったので、適当な所を探し、入居してもらうまでは私たちの役割だ。

しかし、入居後の生活は母の問題だ。そこが嫌なら別を探すのは自由だし、探していい所が見つかったら移ればいい。

「老いては子に従え」というが、いまの子は忙しいから、従ってくれなくても文句など言わない。むしろ、従われて重荷になっては困ってしまう。お互いが自由な身でいることが何よりである。

先日、母はいただきものをして、施設の方に配ったそうだ。

施設側は、万が一ほかの入居者が病気にでもなっては困ると、母に注意をしたという。母はそれに従って、いただきものの始末に別の方法を考えるようになったそうだ。自分で考えて始末しているとのこと。そのように自分で考えてもらうと、こちらとしてもありがたい。

しかし、お互い自由にしているからといって、年寄りを冷たく放り出しているわけではない。ときどき状況をチェックし、近況はシッカリと把握している。

ただ、手出しをしておらず、自立してもらっているつもりである。

家族に対しての思いがないのではなく、ベタベタしたくないだけだ。自分でできることは、いくつになってもできるといい。もしできなくなったのなら、他人の手を借りればいい。

独立した家族の時間を親が、あるいは子が奪っていいという権利はないはずだと私は考えている。

人それぞれに家族のための時間づかいはあると思うが、過度な時間づかいをするのはどうかな？　と私は思ってしまう。

人づきあいを見直そう

ひとりの時間づかいは自由きままなのがいいのだが、人とのつきあいの時間はそういうわけにはいかない。

相手があるので、自分だけ自由に時間を決めるわけにも、勝手に時間を区切るわけにもいかない。ままならないのが人づきあいだ。

思うようにならないから、ある友人などは「都会は人を気にしなければならないので暮らしづらい。いっそ誰も知らない海外で暮らしたい」などと話していた。

しかし海外だとしても、都会であれ、地方であれ、必ず人は住んでいる。だから、近所づきあいなどは避けて通れない。お互い助け合うことが必要なときもあるかもしれない。

つまりどこにいても、人とのつきあいは避けられないのである。

円滑なつきあいをするには、時間もつかうし、気もつかう。円滑なつきあいといったが、これがじつは大変難しいのだ。友人が10人いるとしたら、10人ともに円滑なつきあいなどできるわけがない。

誰とでも仲良くつきあうことなど、私にはできない。円滑な人づきあいでなくていいし、つきあいも苦手でいい。

親族の冠婚葬祭などは逃れられないが、たとえば友人や近所、会社などのつきあいは、無理することはないと思っている。

そう思う理由は、つきあいには時間が消費されるからだ。

お茶をする、会食をする、酒を飲むなどによるつきあいは、時間の消費が必ずついて回る。たっぷり時間をかけてもつきあいたいと思う人は別だが、通り一遍のつきあいなら、その時間消費はもったいない。

気の進まない人とつきあうのは、自分の評価が「つきあいの悪い人」となるのが嫌だからかもしれない。誘いに乗らないと、人はつい「つきあいの悪い人」と評価を下す。そう言われたくない、つまり仲間外れにされたくないのだ。

でも、「つきあいの悪い人」と思われても、いいではないか。

つきあい上手な人は誰とでもつきあうが、それは通り一遍のようなつきあいだ。すべてのつきあいに本気を出していたら、時間が足りないし、身も持たない。

つきあい上手より、つきあい下手でいいのだ。誰に何と言われようと、いいではないか。

持ち時間は有限だ。時間は大事につかいたいから、これまでのつきあいをちょっと見直して、疲れるならやめてもいいと私は思っている。

◆距離感を大事にする

人づきあいは、相手との距離感が大切だと思う。

ベッタリとしたつきあいは疲れるだけだ。親しい仲でも距離は必要なのである。

この距離の取り方がなかなか難しいと思われがちだが、孤独さえも味方にしていれば、難しくない。

つきあいの距離感を考えるには、一番は自分、次が家族、それから友人、そして知人というように、つきあいの順番を考えてみるといい。

なかでも距離が取りづらく感じられるのが友人とのつきあいだ。

友人にもベッタリからアッサリまで、距離の順番はある。私の考える距離感とは、話をする間隔を基準にしたものだ。**話をする間隔が月１〜２回、２〜４か月に１回、半年に１回、年１回などを参考に距離感を保っている。**

ほどよい距離感があると、自分の時間も充分につかえる。

若いときは身のまわりにさまざまなことが起こるので、友人との距離も近かった。しかしこの年になってみると、友人より我が身が優先となり、会って話をすることも減り、距離もちょっと離れる気がしている。

というのも、年を取ったもの同士、会って話す内容といえば、健康や病気のこと、孫がいれば孫のことなどと内容が決まってくる。正直なところ、そうした決まりきった話ばかりではあまりおもしろくない。

世の中にはもっと知らないこと、おもしろいことがたくさんあるのだから、内

容が決まりきっているのはつまらないではないか。

時間をやりくりして会って話すのだから、楽しく、おもしろく、そして知らない話題があるといい。誰だって、刺激があって脳が活性化するような話題には興味が湧くものだ。

若いときよりも年を取ってからのほうが、脳への刺激は減っているから、より刺激が必要になってくるのではないか。

そのためには、こちらも話題を拾う努力が要る。聞くだけではなく話す立場にもなるとしたら、話題をいろいろ持っていたほうがお互いの脳を活性化できる。

私がストックしている話題は、海外の環境、水や自然エネルギー、介護や施設、SDGs（我々の世界を変革する：持続可能な開発のための2030アジェンダ）、レジ袋、コンビニ惣菜、フードマイレージ、拉致被害、季節料理、茶葉、映画、読書、今後の経済、株、タケノコ掘りなどなど。

こうした話ができる友人との距離を、私は大事にしていきたい。

◆昔のつきあいは追いかけない

つきあいは変化していくものだ。

少し前まで、仕事で知り合い、親しくつきあっていた人がいた。その人とは、以前はごはんを食べに行ったりしていたが、しばらくして、誘いのメールをしても返事がパッタリとこなくなってしまった。

身体の調子でも悪くなったのかと、間隔を置いて連絡を取ったりしてみるが、一向に返事がない。共通の知人に訊ねても、その人にも連絡がないという。

それは、つきあいたくないとの意思表示と受け取ることにした。

しつこくつきあいを強要しても、相手の都合というものもあり、たぶん、つきあいをやめたいと思ってのことと受け止めた。過去のつきあいは過去のこととして、追いかけないと決めた。

どうしてもつきあわなければならない、というわけでもない限り、過去のつきあいには固執しないのが賢明だ。

自分にとっても、追いかけられたくない過去のつきあいはある。誰にでもあるだろう。人の生活や環境は変化していくのが当たり前で、現在が充実していれば、過去は振り返りたくないこともある。

過去を振り返っても戻るわけではないから、つきあいも前に進めたほうが、時間づかいを充実できる。

過去のつきあいにも、つきあいをやめたわけではないが、相手の勝手なときにメール、電話の連絡があったりするというものもある。私は、学生時代に学生寮で暮らしていた。そこで親しい友人ができ、現在も細々とつきあいは続いている。

そうした過去のつきあいは、「ほったらかしつきあい」として、そのままにしている。手紙、メールなどでの連絡程度のつきあいだから、こちらにも負担感がない。相手が何か言ってきたら返すようにするだけで、煩わしさもない。相手も、私の存在を忘れていないようだけれど、年を取るに従って自然消滅になっていくのだろう。これが過去のつきあいの一番いい形かなと思っている。

過去は過去だ。そのとき親しくしていたからと、ずっと親しくし続けなければならない理由もない。**過去のつきあいは振り返らず、ほったらかしにするのがいい。**

刹那的と言われようが、つきあいは現在進行形だけでいきたいと思っている。

◆新規のつきあいも見出して

つきあいに変化はつきものだと書いた。

過去にすがりつくのはやめ、新たなつきあいを受け入れるべきだと思うからだ。

それは、母を見ていて感じることだ。何度も繰り返すようだが、母は90代になって老人施設に入居した。年を取っての新しい環境での生活は、慣れるまでいろいろと大変だったと思う。

なかでも、入居者同士のつきあいは、面倒になることもあっただろう。これまでに成立しているグループの仲に入ることもあり、慣れないと気苦労も多かったのではと思う。

しかし、モノは考えようだ。私も学生寮で経験があるが、すでに成立しているグループの仲に入るには、様子うかがいが要る。様子をうかがいながら、仲に入れそうなら、少しずつつきあいを馴らしていくようにする。

こうした新しいつきあいも楽しいものだ。施設という場所にはいろいろな人がいるから、見ているだけで楽しい。**これまで施設暮らしの経験がある人たちだから、それぞれの個性があり、主張、意見、興味、趣味など、人それぞれでおもしろい。**

ここが老人施設のいいところだと私は思っている。

母の施設は地方なので、同じところに入るつもりはないが、もっと年を取ったら、施設で新しいつきあいをしてみたいと考えている。

もちろん、現在も新しいつきあいは見出している。

たとえば、セミナーをしたときに声をかけられた人と、片づけというテーマを通してつきあいを持った。彼女の家の片づけを手伝ったことがキッカケである。

片づけが終わればつきあいが終わるということではなく、新たなテーマを持ってつきあい続けたいと思っている。

それから、若い人とのつきあいもある。仕事関係にはなるが、少しずつ仕事を離れたつきあいをして、私にできることを伝え、若い人たちからも現在の考えなどを聞きたいと思っている。それには食事会などを開いて、胸襟を開き、つきあっていけたらいいなと思う。

こうした若い人とのつきあいは、積極的にとらえないとせっかくのチャンスを逃しかねない。若い人たちには時間があり、未来にかけるチャンスが多く、楽しい話題がたくさんあるから、彼らとも新しいつきあいをしたいと思うのだ。

これまではこれまでとしてゆるく保ちながら、新しいつきあいのチャンスは逃さずに、新たな興味に大いに時間をつかっていきたい。年を取っても、おもしろい話題を拾うことに時間はつかっていきたいと思う。

好きなことは一切がまんしない

好きなことを挙げるとしたら、私は真っ先に「睡眠」を挙げる。

寝ることが好きだ。眠れないという人もいるが、それもわかる。私も若い頃は神経質で眠れない性質だった。いつも安定剤を欠かさずに持ち歩いていた。考えてもどうにもならないことを考え、一生懸命に答えを出そうとして、眠れなくなっていたのだと思う。

次第に経験を積み、ちょっとやそっとのことでは驚かなくなる30代後半からは、眠り＝好きなことになった。

その睡眠時間はというと、半端ではない。まぶたが閉じてくっついたのではないかと自分でも思うほどの睡眠時間である。最高睡眠時間は、30時間くらいだっただろうか。起きたら真っ暗で、一瞬寝なかったのかと錯覚した。

年を取ると早起きになるというが、私は違うらしい。近頃ようやく朝起きられるようになった。しかし、それもしかたなく起きているのであって、朝の時間に余裕があれば相変わらず二度寝している。

二度寝までして朝起きても、昼ごはんを食べ終わった後に昼寝もする。普通は30分くらいと言われるが、冗談じゃない。1時間、ともすると2時間になってしまうこともある。若いときの睡眠不足を、いま取り戻しているのかもしれない。

ある市民講座で話をしている途中、突然、左まぶたに痙攣が起こった。おかしいな～と思っているうちに、痙攣がひどくなった。どうすることもできなくて、話し終えても治らないのだ。気持ち悪いし、変だがしかたない。

なぜだろう？　と考えて思い当たったのが、睡眠不足である。その月は、一日の休みもなく働き続けていて、睡眠が足りていなかったのだ。それからは努めて睡眠を充足させるようにした。すると数か月後、まぶたの痙攣は治まっていた。

それにしても、習慣とは不思議なものだ。睡眠時間でいえば、**身体と脳がスッキリとするには、私には8時間以上要る。**4～5時間で充分という人もいるが、私はとてもダメだ。

不足すると頭はぼ〜っとして、身体にキレがなく、動きまで鈍くなる。原稿の執筆さえ進まない。

朝早く起きるときは、それを計算して早く寝るのだが、日中に身体を動かさなかったときはなかなか寝つきが悪く、それで睡眠時間が不足になり、翌日が最悪だ。

脳を休めるには、適度に身体を動かす習慣もつけていかなければと思っている。

◆本を読むのはがまんしない

知り合いから、本を読むには電子書籍がいいと盛んにメリットを力説された。たしかに、いつも持ち歩くアイパッドで読めるので、便利は便利だ。

でも、と私は思う。紙が大好きで仕事を選んできた身だ。「手元ですぐに読める」「好きな書籍を好きな時間に、場所を構わずに選べる」など、いろいろと電子版の利点はあるかもしれないが、どうしても紙から離れることができない。

それにもう一つ、本屋が大好きだ。本屋に居ると時を忘れる。

本とは、少し大袈裟に言うと、知識を広げてくれる存在だ。

電子版でも紙でも、本を読むことには変わりはないが、本を見つけに行ったり、探しに行くのが私の場合は本屋だ。これも習慣なのだろうか。若い頃、人と待ち合わせるのはほとんど本屋だった。どれだけ待っても本屋なら退屈しないし、本探しもできるからよかった。

ところが最近は、本屋が少なくなった。ちょっと時間が空くとすぐ本屋に飛び込んでいた私は、飛び込む場所を失っている。

いまの仕事場近くにも本屋がない。前の仕事場近くには、小さいけれどがんばっている本屋があって、その店の本選びにとても興味があった。仕事場が変わったら、本探しのできる書店がなくなり、一つ楽しみな時間が減ったのがさみしい。

大手の書店は、話題本は置いていても、書店独自のポリシーの本、書店員目線のおもしろい本、書店が勝手に選んだ楽しい本などをあまり置かなくなっている（こうした目線の本屋もあるが……）。本のプロが少なくなったのだろうか。

私の自宅近くの小さな本屋などは、とっくの昔に消えた。おしゃれな街の沿線なので、おしゃれな若い人たちが移り住んできて、人口増はいいのだが、小さな町が変貌してきた。本屋、八百屋、肉屋などが消え、おしゃれなパン屋、カフェ、イタリアン、フレンチなどがこぞって軒を並べている。こじゃれたバールもあって、銀座や渋谷と同じような街になろうとしているかのようだ。

この町にあった本屋は、やる気のなさそうな店だったが、本の吟味には長けていた。店主の好きな本しかなかった。おもに歴史本で、中古から新刊までさまざまだったが、それをおもしろがる住人が少なく、持ちこたえられなかったようだ。

おもしろい店主で、大晦日には餅つきなどしてみんなで盛り上がったこともあったのだが、これも時代の流れと受け止めるしかない。

本屋が消え、私も自分の読みたい本をネットで探すようになり、味気なさを感じている。本格的に老いるまで、まだちょっと先があるから、これからの時間を楽しむための本屋を、本気出して探さなければと考えているところだ。

◆朝一杯のコーヒー・夜のおいしいお酒はがまんしない

朝寝坊なので、起きても脳はすぐに動いてくれない。目覚めの何かが要る。私にとっては、それがコーヒーだ。というより、コーヒーを飲むために起きようという気持ちになる。

ヨーロッパでホームステイするようになってから、朝のコーヒーが飲めるようになった。いまでは必需品になり、一杯のコーヒーが朝の目覚めには外せない。

コーヒー豆は気分で変える。それほど詳しくないから、適当に選んだ豆を紙フィルター用に挽いてもらい、3種類くらいを常備して、その日の気分でドリップしている。飲みながら仕事に取りかかるときもあれば、新聞をゆっくりと読むときもあり、何をしながら飲むかはそのとき次第だ。

近所にコーヒー豆専門販売店があり、そこで豆を挽いてもらって購入していたのだが、店舗を移転するとのこと。新しいコーヒー店を探さなくてはと思ったら、その店主が配達してくれるという。大いに感謝して、配達してもらう形でコーヒー店とのつきあいが続いている。月一度ほどの購入なのに、届けてもらえることのありがたさをしみじみと感じている。

店主と会うと健康などの話はするが、お互い元気でいようと励まし合えるのも、年齢が近くて、お互い仕事をしている身だからだと思う。

もう一つ、がまんしないことを私は持っている。「夜の一杯」である。

一杯とは、お酒のことだ。**お酒の種類や量によっては、身体に悪い、太るなどいろいろ影響があると言われているが、好きなものはがまんしない。**

なぜだか私は運動好きの健康体と思われているようだが、とんでもない。運動嫌いの不健康体だ。宵っ張りということからわかるように、夕方から目がキラキラしてくるが、朝はどよ〜んとしている。

私は、嫌なことがあったからお酒を飲むのではない。楽しい、嬉しい、お天気がいい、気分がいいから飲む。悪酒も昔はあったが、いまでは楽しい酒がいい。

ひとりごはんの夕食時の一杯は、胃痛の日以外、何があっても欠かしたことがない。ひとりの食事を楽しくする一杯は、私にとって必需品だと思っている。

お酒の種類にはこだわらない。海外に行ったときは、その国でしか飲めないお酒を飲むのが好きだ。

たとえば、スウェーデンではアクアビット（ジャガイモを主原料にした蒸留酒）がおいしかったし、酒などなさそうなミャンマーでは、ぬるい地ビールがめずらしかった。飲み物は食べ物との相性もあるから、飲めたほうが、その土地の暮らしをより深く知ることができると私は思っている。

昔、社会人になりたての頃、酒の飲める女は敬遠されがちだったが、私は最初から飲めると宣言していた。同期はもちろん、先輩と一緒に飲んで普段足を踏み入れないような所まで見学できたのは、男性並みに飲めたおかげだと思う。

いまの若い人たちはあまり飲まないと聞いた。人の好き嫌いだからどうでもいいが、世の中おもしろいことがたくさんあるのに、なんだかもったいない気もする。

おいしいお酒に出会うと、私は製造者に会いたくなってしまう。

日本酒、ウイスキー、ビールもそうなのだが、なぜかワインの葡萄《ぶどう》生育への好奇心は止むことがない。チャンスがあれば、世界中の葡萄生育状況を見て回りたい。

酒の発酵は微生物によるものだから、その関わりを知りたいのかもしれない。私たちの暮らしに、微生物はさまざまな恩恵をもたらしてくれている。それを肌で感じたいと思う。

ベルギーで環境見学をしたとき、修道院のビール製造所で流す廃液が環境に影響を及ぼすことから、対策をいろいろと研究していることを知った。そのときから、酒作り現場での廃液と浄化のしくみを知りたいと考えるようになった。

一杯を楽しむために、多くの人の手が集まっている。原料の生育、製造、廃液、環境負荷研究などの背景を知ることで、飲む側の選ぶ視点、購入目線も違ってくる。**視点を大きく広げると、毎日の一杯により関心が深くなるのではないかと思う。**

微生物という小さな働きに感謝して、最後の晩餐まで飲み続けたい。

70代、人の役に立ちたい

ミャンマーが現在のように民主化する前に、友人の夫が携わっていたボランティアに参加したことがある。

小児科、内科、歯科の医師、看護師、保育士、その仕事を目指す人たちとともにミャンマーの３つの無医村で、不調を抱えた人たちに向き合う医療活動を３回ほどおこなった。

不調を抱えた人たちをすべて治療できたわけではないが、少なくとも「これまで全く治療を受けられなかった人たちを診られた」という結果は残したと思う。

いままで、薬剤師の資格をほとんど活用してこなかった私は、ミャンマーでの活動をきっかけに、薬剤師の仕事をしたいと思うようになった。

それは、どんな形でもいいので人の役に立ちたいとの気持ちがあったからだと思う。ミャンマーで一緒に働いた若い看護師さんや小児科医が無医村で働く熱意を目の当たりにしたせいもあった。とにかく、医療従事者の病を持つ人に対する姿勢はとても真摯であり、熱意ある態度に打たれたからだろう。

それ以前にも、何か人の役に立つ活動をしたいとは思っていたが、なかなか思うようにできなかった。医師の誘いで行ったミャンマーが、私に合う活動だった。

考えてみれば、薬剤師を志したのは手に職を持つという理由もあったのだが、それよりも、私の育った時代には、野口英世の話や、それに関係した医療を受けられない人々の話なども聞いたり本で読んだりしていたので、もしかしたら人の役に立ちたい思いがひそかに芽ばえていたのかもしれない。

ミャンマーではいまでも私が参加した医療活動は続いているが、実際にまた活動するとなると、年金生活でのボランティアは、ちょっと考えてしまう。働かないとボランティアもしにくいのだ。活動するなら、働いてからにしようと思う。

◆お祈りメールにもめげず、仕事を探した

私は、働けるうちはずっと働いていたいと願っている。

ところが、世間は定年年齢がきた人をそう簡単には受け入れてくれない。

長年、生活研究家と消費生活アドバイザーという二足の草鞋《わらじ》を履いてきた私は、一足の草鞋（消費生活アドバイザー）から定年を言い渡され、「はて？」と困ってしまった。63歳のときだ。突然この草鞋がなくなっては、生活が成り立たなくなってしまう。

とっさに新聞の募集欄に目を走らせると、幸いＯＴＣ（オーバー・ザ・カウンター）薬剤師の募集が出ていて、採用されたのはよかったのだが、７年後に業務形態が変わり、今度は調剤薬剤師として働かねばならなくなった。薬剤師とはいえ、調剤はこれまで経験しておらず、イチから、いやゼロからのスタートとなった。

ところが、おっちょこちょいで慌て者、飽きっぽい性格の私には縁遠いと思え

る仕事内容なのだ。案の定、研修時点からの失敗続きである。

とはいえこの仕事しかないとなれば、崖っぷちに立つ思いだ。必死で研修をこなし、仕事場へ立った。が、パソコンは不慣れ、調剤もおぼつかず、研修はしたものの身につけた内容は半人前以下でしかなかった。

夜の薬局で事は起きた。患者さんから処方箋を受け取ったのだが、薬がその内の1種類しかとこのわず、断ろうとしたが、1種類でも調剤してほしいと言われた。半人前でいざ調剤のとき、この1種類の薬の服薬回数が、薬の添付文書と処方箋とで違っている。そのため医師への疑義照会が必要であると告げた瞬間、患者さんが怒り出した。「私も薬剤師です！　服用回数は医師通りにしています！」と。翌日、上司のお詫びが発生する問題となってしまった。

さらに事は続いた。薬局内で調剤の間違いが続き、その犯人がことごとく私と決めつけられてしまったのだ。もちろん、調剤間違いなどあるべきことではない。

しかも実際のところ、それは私ではなかった。濡れ衣を着せられたわだかまりで、職場内の空気はおかしくなり、私は息苦しくなった。この不慣れな仕事は性に合わないと、半人前調剤薬剤師として9か月、会社を辞めた。

いま振り返ると、新薬局開設でみんなピリピリもしていたのだと思う。辞めたといっても、まだまだ働くつもりだったから、アッサリとまた新聞で探せばいいやとタカをくくっていたが、大間違いだった。

就職した7年前とは明らかに薬局事情が大きく変化していた。そこに私は気がつかなかった。OTC薬剤師、しかも高年齢者を雇うところなどなかったのだ。

それからは、毎日パソコンとにらめっこが続いた。応募しては「ご健闘をお祈りします」というお祈りメールばかり受け取る日が続く始末だ。

二足の草鞋の履き納めか、とあきらめかけたところ、薬品会社に「薬品監視薬剤師」の仕事を得た。が、週2日、机に座っているだけの仕事。ぜいたくを言うようだが、これでは私の中では「仕事」とは言いがたい。

最後のつもりで就職活動を再開し、ダメ元で「夜働きたし」の調剤薬剤師で応募してみた。すると、拾ってくれる神が現れ、受かったのだ。お祈りメールばかりを受け取っていた身には、これほど「嬉しい!」メールはなかった。

すぐに面接が進み、現在ようやく、調剤経験ほぼゼロの私にも辛抱強く教えてくれる、居心地がよい、働く人たちとも馴染めそうな仕事場に巡り合えた。

あきらめずに探せば、自分に合う仕事場は見つかるものだとしみじみ思う。

座っているだけの薬品会社と調剤薬局のダブルワークだが、働き甲斐のある仕事に就けて、めでたく私はまた二足の草鞋を履いた。

◆若い人の隅でちょっと働くだけでいい

「阿部さんは長いこと働いてきたのだから、もう働かなくてもいいのに」と友人に言われた。しかし、私にとって働くことは、ごはんを食べることと一緒なのだ。

再就職先を探して家でパソコンとにらめっこしていたときは、むなしい時間ばかりが過ぎ、気持ちにハリを失い、何もやる気が起きなかった。

ぼ～っとした時間が過ぎていき、好きな本も新聞も読む気力が失せていた。**このとき、私にとっての働くことは生きる甲斐性に繋がっているのだと改めて思い知った。**

若い人が働くように、朝から夕方までの時間を働こうとは考えていない。メインの時間帯は、いま乗りに乗った充実期の人が働けばいい。**私はほんの少しの時間、あるいは若い人の嫌がる時間帯に、邪魔にならないように働ければいいと思っている。**

脳だけ、あるいは身体だけの仕事では満足いかない。私にとっては、両方備わって「働く」ということなのだ。身体が動かず、脳も働かなくなったときに仕事から退けばいい。

どちらか一方が動かなくなったら、辞めざるを得ないが、それまでは新しい仕事場で新しい仕事内容を、新入社員のように一生懸命に覚えていけばいいのだと思う。

こうした新しいことに向き合えること自体、私にとって喜ぶべきことだからだ。

社会との小さな接点を持ち続ける

「最近モノ忘れがひどくなって、いつも探し物をしてるのよ。別にモノの位置を動かしたわけじゃないのに……」という近所の友人がいる。

どうして探し物ばかりするようになったのだろう？　と私は考えた。

思い当たることが一つある。**社会との接点を持たなくなったことだ。**

たとえば食品の買い物に行くにも、彼女はスーパーなどへは行かない。全て食品通販での購入だ。申し込み用紙に書き込み、送るだけで、誰とも話さなくていい。

社会とは、人の繋がりとしくみで成り立っているところがある。社会との接点を持つことは、人との繋がりを持つことでもあると思う。

多くの人と繋がることは難しいが、たとえば地域、近所、同じ住居内の人たちなどとの繋がりは持てる。そこに社会との接点を持てばいいのだ。

しかし彼女の場合は、それも持たない。人と繋がるのは、人からの刺激をもらい、脳を活性化させるために必要なことだと私は思う。そうした活性化がないと、脳は次第に働くことを止めるのではないだろうか。脳が働かないと、忘れたり、考えなくなったり、言葉が出なかったりするのではないだろうか。

それは彼女に限ったことではない。いずれ、私にも起こるかもしれない。10年の時はあっという間に過ぎる。社会に接点を持つように、いまから準備をしたほうがよさそうだ。

ひとり暮らしは外部からの刺激を自動的に受けられないので、自ら刺激を受け取るようにしなければダメなのだ。

◆どんな居場所でもあるのがいい

近所の友人は家族間に問題があり、自分も病を抱えていて、思い通りにものごとが運ばず、いつも小さなことで不満を感じていたそうだ。

ある雪の日には、スコップを借りたいのに隣の人が貸してくれないと腹を立て、隣と不仲になったりと、慢性的な不満はなかなか解消しなかった。

そんなとき住居の管理組合理事の役割が回ってきて、彼女はすぐに引き受けた。

理事となってからの彼女は、イキイキとして、家族の問題や自分の病などどこ吹く風と目覚ましい働きをしている。

彼女を見ていると、人のために役立つことに喜びを見出し、それが彼女自身をも輝かせているとしか思えてしかたがない。かつては道で会えば不満を漏らしていたのが、いまや住居内の問題解決などいろいろと考えてくれている。理事が生き甲斐ともなっている様子だ。それなら、何期でもお願いしたいところだ。

社会の中に居場所を見つけるとは、彼女のようなケースではないだろうか。

先ほども書いたが、私には仕事が見つからず、家にこもっていた時期があった。

それまで長い休みを経験したことがなかったので、最初の一か月ほどはアチコチ出かけて楽しかったのだが、時を過ごすにつれ、出かけるのにも飽きてしまった。

すると、今度は退屈病が起き出して、毎日が退屈で時間を持て余すようになり、気持ちまで持て余し気味になってしまった。

誰かの役に立ちたい！　と願い、近所の惣菜店で人を探していたなと思い出してのぞいてみた。すると、新しい人が働いているではないか！　一歩遅かった。

どんな場所でも社会の中に居場所があるのはありがたいと、つくづく思った。

若い頃、居場所があるのは当たり前だと考えていたが、年を取って働くとなると、社会の受け入れは厳しいものだ。

「お祈りメール」を散々受け取った身からすれば、社会は働く時間の長い、若い人が欲しいのだ。いつ倒れるかわからないような年寄りは願い下げだ。

でも、年を取った人にもいろんな人がいる。元気で働いている人、働くなんて嫌な人、すでに病気を抱えている人などいろいろだ。元気で人の役に立てるなら、社会に居場所を探したほうがいいと思う。特にひとり暮らしならなおさらだ。

社会には、人の役に立つことなどいくらでもある。

先日は、近所のそば屋に行ったら、町内の顔見知りの方が働いていた。町内だからはずかしいとか、顔見知りに会うと気まずいとか、そんなことを言っている場合ではないのだ。

年を取ると、社会が家にくることはまずありえない。自ら進んで社会との繋がりを持たなければ、一日中話をしない日だってありえるのだ。

どんな居場所も社会の中に見つけてみるといい。若いときより年齢を重ねたから、苦労や辛さ、はずかしさなどがあっても、案外アッサリと乗り越えられ、楽しみを見つけ出せるはずだ。

第5章　老い支度をはじめよう

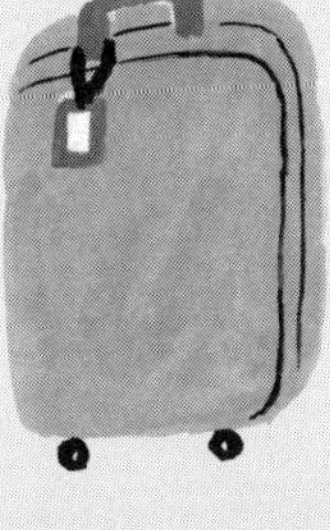

還付金詐欺をきっかけに家計を見直した

お金は価値あるものにも、魔物にも、欲の塊にもなる、人の心情を変化させる存在だ。

もともと私はそれほど強欲なタチではなく、お金はないよりあったほうがいい、くらいに考えている。その根底には、お金がなくて暮らしが困るといった経験がないからだと思う。私の妹は、結婚当初、お金がなくて質屋通いをしたというから、暮らしの工夫や、お金がないときのやりくりなど手慣れたものである。が、私にはそうした経験は皆無だ。潤沢というわけではないが、なぜかお金との縁は繋がっていた。

ところが、70歳を過ぎたあたりから、お金との縁が薄くなってきたと感じるようになった。**この先、いまよりもっと年を取ったとき、これまでには経験したこ**

とのない「経済的不安」が待ち受けているのではないかと怯える気持ちが、心の奥でいろいろと叫びをあげていた。それは、本格的な「老いの経済」に対しての最後の覚悟とでもいえようか、最終的な経済面でのアリとキリギリスの立場とでもいえばいいか……。どちらかの覚悟を持たなければならないということだ。でもそれが持てずに、いまだ50代と同じ経済感覚なのだ。

アリとキリギリスの葛藤とは、つまりこういうことだ。

「年金5万。これでは、働いて暮らすしかない。これまでの生活研究家の仕事はしたいが、依頼がないことには続けられない。じゃあ、いまようやく見つかった薬剤師の仕事はというと、大変気骨の折れる〝アリ〟仕事。いつまで続けられるのか、気持ちが続く保証もない。とすれば、ラクなキリギリス生活へと貯蓄を切り崩していくか。でも、わずかな貯蓄だ。何年経済が保てるのか、その計算すらできない。毎月決まった金額で暮らしてきたなら、それもできる。でも私のように、調子がいいときはドーンと経済が回り、落ち込むと途端にシビアになる経済で暮らしてきた者には、堅実なケチケチ暮らしは身についていないし、気性でもない。じゃあ、どうする？」

◆高齢のひとり暮らしに起こりやすい不慮の経済ダメージ

そんな年の、暑い夏の昼下がり。1本の電話がかかってきた。久々の、ある編集者からの仕事の依頼だった。久しぶりでウキウキと気持ちが弾む。

すると、電話の終わりを待っていたかのように、再び電話がなった。電話口には、区役所の者と名乗る男性。

「昨年度の医療に関する法改正があり、医療費3万6180円が戻るのだが、申請の締め切りが過ぎても手続きがされていないようで、いまなら銀行と連携し、申請手続きを受け付けているが、どうされますか?」とのこと。

ここで私は、職業である「消費生活アドバイザー」意識がムクムクと起き上がった。「え、消費生活アドバイザーなのに、法改正があるのを知らなかった! 不覚!」。とっさにそう思い込んでしまった。**よくよく考えれば、本当に改正などあれば新聞にも掲載されるだろうし、テレビだってしつこく報じるはずだ。**だが、私の頭の中は「知らなかった」という意識が、雲のように覆ってしまった。

その動揺をさとられまいと話を続けた。さらに、私に心のささやきが響く。「夏といえば、うなぎ。3万もあったら何回うなぎを食べられるだろうか！　美味しい！」

そう思ったとたん、思考停止状態に。「申請します！」と叫んでいた。

その後は詐欺のお決まりコースにまんまとはまっていった。自分の口座にあるお金を全部、見知らぬ人の口座に振り込んでいた。お調子者、お人よし、能天気な性格……。振り込んだ後も「うなぎ」が頭の中を占め、詐欺とは気づかない。

翌日、別件の振り込みのためにATMに行き、口座残高がマイナスの事実で、詐欺被害にあったとはじめて知った。

このとき、あれほど葛藤していた「老いの経済をどうするか問題」の答えがハッキリと決まり、覚悟もできた。

ずっとアリとして働き続け、収入を確保していくしかない、と。

高い代償だったが、負け惜しみも含め、還付金詐欺が覚悟させてくれたのだと思う。

詐欺が老人を狙うのは、経済への感性が強い時代を生き抜いて、まだ経済への執着が強く、世間の経済への関心を高く持っている世代だからだろう。ここを狙われたのだ。

ある日、新聞に「お金を巡る　高齢化」の記事を見つけた。内容はこうだ。「金融機関の営業マンの説明で、退職金を、為替の動きに応じて価値が急変する複雑な商品に投資した。その後、為替変動により商品価値は5分の1の時価に。担当者は退職。当事者は怒りと悔しさのやり場もない」と。正直なところ、私だけじゃなかったという安堵。そして、「2兆円の個人金融資産の3分の2は、60歳以上の世帯が持っている」と、狙われる世代でもあったことを実感した。

振り返れば私の還付金詐欺も、自身が招いた「欲」の結果でもある。やはりお金は身の丈に合わせて遣うのが一番だ。もっとひょうひょうと暮らす術を身に付けなければ。そう思う。

失ったお金は、もう戻らない。**詐欺のおかげというわけではないが、詐欺をチャンスにわが家の経済を総点検した。**もちろん、失ったお金を補填する目的も含めて。

◆わが家の経済を整理する

これからも、アリさんとしてコツコツ働く覚悟。だが、いつ病が襲うとも限らない。

わが家の経済を点検すると、私の大ざっぱな経済感覚が見えてきた。「シコシコケチって貯める面」「お金があること自体を忘れている面」「絶対に手放さない面」という3面がある。

ひとつめのケチケチとは、いまだに定額預金を続けていること。これは、ここから最終の夢に向かい、わが人生を集大成するために必要な資金だ。目標とする金額までケチケチとひと月小額、かれこれ10年以上継続しているが、まだ目標には到達していない。このケチケチ定額預金のために、日々の暮らしもケチケチとしたお金遣いになった。現在は、働いた給料（月12〜13万円）＋年金（月5万円）で暮らしをまかなっている。いつもお財布に入れる額は1万円。この1万円をできるだけ崩さずいるのが現在のケチケチの目標だ。たとえば、食材の買い物をする際。最初に思い浮かべるのは家の冷蔵庫だ。若い頃は、冷蔵庫を思い浮かべても結局は買いたいものを買い、「しまった！」を繰り返していた。いまは違う。必ず冷蔵庫・冷凍庫チェックは怠らない。食材や手製の惣菜を食べ切ってから購入している。さらに、旬の食材など、品質や価格、購入のしやすさをランク付けして比較チェック。購入時には、必要度合い、来客の度合い、食欲の度合いなどで購入先を変化させている。

経済感覚の2つめ、お金があることを忘れている面。前述した新聞記事にもあったように、ずいぶん昔、私も証券マンの突然の個別訪問を受けた。当時、すすめられた国債を購入。いい思いをして、忘れていた。その後、価格が落ち込んだところに別の証券マンが外国債をすすめにきた。その頃には投資の興味を失っていたから、わずかな外国債だけ購入。その後、また忘れてしまった。小額ゆえ証券会社からの連絡もなく、相当の年月が過ぎた。そして今回の還付金詐欺。補塡に苦慮していたところ、ひょいと思い出した外国債。即解約し、詐欺被害を補塡。忘れていたのが幸いした。覚えていたら、すでに流用していて、いまごろ本当に困っていたかもしれない。解約も簡単で助かった！　ほかにも、どこかに忘れているお金があるかも……。

最後の1面は、絶対に手放さない面。これまで働いて貯めたお金、定額預金のお金、年金型生命保険のお金などを銀行にプールし、手を付けずに握っている覚悟だ。これから先の入院、介護、施設入所などのときに必要となるはず。といって、まったく遣わないのではない。洗濯機やガスヒーターが壊れた際などには出動させている。

このように、3面、いや、大きく分けると「シッカリ面」と「ずぼら面」の2面の経済感覚面を持つ私だが、お金は持っているだけではダメだと思っている。遣ってこそのお金だ。小心者の私は、大盤振るまいはできないが、小盤振るまいで堂々と遣い、最後には帳尻が合うようにしたい。

◆自分の経済状況は、必ず家族・親族などに伝えておこう

うすうす感じていた自分の経済感覚。「シッカリ面」と「ずぼら面」の2面を持っていて、シッカリ面が強く支配しているときには無駄遣いはしない。ずぼら

面がちょっと押しのけてくるとき、けっこう散財している。

たとえば、いまの仕事先は薬局だ。ファッションとは縁遠い。そこで、着ていく服をジーンズと上着スタイルと決めた。しかし、これまでの上着が身体に合わず、着られる上着の数が減った。「えい、新調しよう！」と、1着でいいのに3着も購入。振り込んでから、「あ、しまった」。これは、ずぼら面が強く支配しているときだ。銀行残高を見て、ああ〜。思わず「やっぱり働かねば。私は一生仕事との縁が切れない」と嘆く。

働いて、お金のことが理解できているうちはまだいい。いつか理解できなくなるときがやってくる。そのときに備え、ひとり暮らしはどう対処しておけばいいのだろう。

誰かにお金のことを伝えておくのがいちばんだ。だが、身近な兄妹はみんな同じような年齢で、どちらが先かはわからない。もっと若い人に伝えておくほうがいいのでは？

昨年末、いとこが家で倒れた。数か月前に兄妹が訪ねた折にはどこも問題はなかったが、急に激やせし、家で倒れてしまった。が、ひとり暮らしの悲しさで少しの間、気づかれなかったという。近所の方が救急搬送して一命は取りとめ、搬送先から次の病院へ転院。落ち着いたところで、兄妹が「はた！」と気づいたのが、お金だ。取り急ぎ立て替えたが、これから続く入院には費用がかかる。お金のありかは誰も知らない。兄妹で家の中を探すも、ひとの家のこと、場所さえわからずじまいだった。ようやく本人から、貯蓄も含めてすべて銀行にあると聞き出せて、さっそく銀行へ。ところが普通預金はわずかで、定期貯金は引き出せない状態。さて、どうしたものかと途方に暮れたという。

この話は、私も身に染みた。必要な定期預金が本人にしか下ろせないというところだ。そこで、さっそく解約し、いつでも遣える状態に変更した。

こうしたわが家の経済を「誰に伝えるか？」だ。

母はお金を自分で管理していた。私も自分で管理し続けたいと思うが、こればかりは先が不明だ。私がアテにしていた若い親戚の娘は、海外暮らし。いつ日本に落ち着くか、これまた予想外だ。次のアテを考えていなかっただけに、ここらで考えておかなければ。

いっそのこと、他人（終末の看取りを含めた団体）に管理をお願いしてみようかと調べたが、経費や手続きが面倒そうで、もう少し先でもいいかと思っている。しかし、時の流れはドンドン速まっている。思うだけで実行に移しておかないと、いとこのように、いざというとき間に合わない。

とりあえず妹にでも伝えておこう。そのうちにいい考えが浮かんでくるかもしれない。それまでは「覚書」を書くようにしよう。すでに覚書はあるが、60代に書いたものだ。そこには、「病気になったとき」「亡くなったら」「寄付」の3項目だけだった。あれからずいぶん時間が経っている。再度、覚書を見直して、自分に関する項目だけでなく、後始末に関する項目も書き加えよう。具体的にはこのような感じだ。

・病気のときはどうしてほしいか
・お金のありか
・自分の家（売却を含めて）と両親の家をどうしたいか（権利書などのありか）
・お金が残ったらどうしてほしいか
・通夜と葬儀はどうしてほしいか

・骨はどこへ

・使用していたモノの処分をどうしたいか

・菩提寺について、これからのこと

・入院中の兄妹のこと

・両親が残した土地のこと

などなど、これらの道筋を早くつけておかねば……。

グズグズしているうちに80歳になってしまう！

年齢とともにしくみは変化させていく

人は年を取るにつれ、行動も暮らし方も変わっていくと私は思う。

生き物が年を取るということは、行動力の衰えが目立ち、一つのことでも時間を要するようになり、これまでできたこともできなくなり、おっくうを感じることも多くなるということだ。

わが家の猫（当年11歳）にも、そうした行動が見受けられる。

たとえば高い所に難なく上ることができた若いときと違い、最近では高い所にはときどきしか上らなくなった。シンクの上などちょっと高い所に上るにしても、ほんの少し前は軽々と上り下りできていたのに、いまではドスンと音を立てて下りている。

また、ベランダにすずめがきたときは、身をかがめ、狙いを定めて狩猟姿勢を取ってすずめを獲っていたが、いつの間にか少し身をかがめてすずめの動きを見るだけで、狩猟をしようともしなくなっている。

これが生き物が年を取るという事実なのだと、私は猫を見て思う。

人の場合、充実期である50代はもっとも体力、能力、活動力などが旺盛で、行動一つとっても幅広く動ける時期である。

その時期をピークとして、年齢を重ねていくと次第に活動が鈍くなり、衰えも出てくる。行動一つ、たとえば靴下をはく、入浴するなどにも時間がかかるようになってくる。

そうなってきたときに必要なのは、しくみを見直し、「いま」暮らしやすいように変えていくことだ。

◆洗濯は部屋干しＯＫにシフト

快適な暮らしを目指し、家事もシンプルにしてきた私だが、これまで通りの生活ではできないことが増えつつあると実感し、しくみの見直しをしている。

たとえば、洗濯物干し。これまで私の洗濯物干しのしくみは、屋上の洗濯物干し場まで洗濯物を持って行き、干していた。取り込むときも同じようにしていた。

が、最近では洗濯物を運ぶのさえ、まして乾いてから取り込むのに、屋上へ行くのがおっくうになった。

現在は「部屋干し最高！」などと、室内の手近な場所を干し場にしている。

部屋干しの場合、室内用のスタンド型物干し器（広げると幅2m×高さ1・2mほど）を窓際に置く。せまい室内なので、乾くまでの日にちを、来客など暮らしの予定もあわせて計算する。たとえば取材予定や英語レッスンまでの日にちだ。

部屋干しのために部屋のスペースをどれくらいの日数確保しなければならないか、それも季節によりどうするかと考えることで、暮らし方の変化にもつながる。

屋上干しのときは、このような日数調整を考えて洗濯をしなかった。年を取ることにより、**これまで続けてきた日々の暮らしを「これでいいのか」と考え、年**

齢に合わせて徐々に変化させることが必要になるというわけだ。

◆使う部屋の数を少なくする

それから、掃除。これまでは、ブラシでのちょこちょこ掃除を除き、床に掃除機をかけるのは週１回〜１・５週に１回にしていたが、これも次第におっくうになっている。気がつけば２週に１回、いや月１回となり、自分でも驚いている。

前にも書いたが元々窓ガラスなどは「窓は外壁と思え」として定期的な掃除をやめているのに、掃除機さえもかけなくなったら、これは汚部屋へとまっしぐら。

年を取ると、ここまでおっくうごとが増えるのか！　と唖然である。そうなっては大変！　なんとかしなければ。

60代と同様にはもうできないかもしれない。ではどうする？

そこで、主に使用する部屋を２つだけにした。茶の間と寝室だけを使うと決めれば、掃除機をかけるのは２つの部屋でいい、となる。この２つの部屋に掃除機をかけ、あとは知らんぷりする。

簡単なことで、暮らし方を変化させればいいだけだ。70代になったのだから、掃除機かけを見直し、掃除に対する気持ちだって考え直してみる。

部屋を特定して使う、使用部屋しか掃除機はかけない、掃除用道具を見直す、週3日在宅なので掃除機は月1回動かすだけで充分と納得するなど、暮らしを変化させてみるのだ。

最近、老後は暮らしを小さくするというのが話題だが、**わざわざ引っ越ししたりしてサイズダウンせずとも、家の中で手軽に変化させ、実践できる可能性大だ。**

これからも年は取っていくのだ。汚れる場所、つまり主に使う部屋を決めて暮らしを変化させること。これで先延ばし解消と、掃除機かけのおっくうさからも解放されるはずだ。

ついでに、掃除機自体の見直しもしたほうがよさそうだ。

50代では最大吸引力の掃除機がいいと、重い掃除機を使用してきたが、それも考え直さなければならないだろう。もっと軽くて吸引力の強い掃除機に変えるべき時期にきているかもしれない。道具を変えると、暮らしの変化にも繋がるだろう。

それから、調理器具についても見直しがいるようだ。

70代に入り、人が集まることも少なくなった。大量の料理をすることが減ったのだ。調理器具も変化のときを迎えている。つまり、最終章の最後へ向けた、暮らし全体の片づけどきが近づいてきているというわけだ。

年齢に合わせて しくみを変えていこう

部屋づかい

ふだん使うのは、おもに「茶の間」と「寝室」の２室のみと決めた。掃除もここだけしっかりやればいいので気がラクに。

洗濯物干し

60代までは屋上の共用物干し場を利用。いまは「部屋干し最高！」。風が通る客間の窓際に室内物干しをどどんと広げ、まとめ洗いの洗濯物も一気に干せる。

人生の最後はトランク１個分の荷物に

ひとり暮らしでは、頼るべき家族も少ない。私の場合は、兄妹すべてひとり身なので、頼れる若者もいない。とすれば自分の最後も自分での始末となる。**誰もが望んでいる「ピンピンコロリ」だが、そう簡単ではない。**必ず病がやってきて、長くなるか短いかは、人それぞれ予想もつかない。

年を取って一番の気がかりは病だ。特にひとり暮らしはこれが問題だ。

アパート生活をしていた50代の頃、そのアパートには８世帯が住んでいて、みなひとり暮らしだった。ある朝、そのうちのひとりが出勤してこないと、会社の人が訪ねてきて、初めて脳出血で亡くなったのを発見した。彼女は真面目な人で、毎日キチンと出社していたから、勤め先の方が不審に思って来てくれたのだ。

私のような、フリーランス、ひとり暮らし、まあまあ元気、声をかけられることがないといった人では、気がついてくれる人など少ないはずだ。

この一件以来、アッサリと死ぬのはいいが、脳出血や脳梗塞で倒れたら誰が発見してくれるのか？　これが問題だと思った。気づかれないとしたら、気づかれる策を立てるよりほかに方法はない、と考えるようになった。

それに、病になれば病院へとなるが、昨今の病院では入院は3か月までだ。その後については自分で探さなければならない。ひとりで病気となってしまえば、転院先の探しようもないかもしれない。

いろいろ考えると、やっぱり施設入所がいいと私は思う。学生寮などと同じだと考えれば、むしろ学生のときより楽しいかもしれないとも思った。そこで、まずは老人施設を見学しようと思っていた矢先に、母の施設入所となった。

あるケアマネジャーは、「施設とは牢獄のような所」と表現したが、これも考え方は人それぞれだ。

母を見ていると、行政管理施設なので一面は牢獄かもしれないが、別面から見れば自由もあり、ゆったりとしている。施設の目配り、気配り、心配りはなかなかのものだと私は見ている。

こうした例もあれば、前述の先輩が入居している私営施設は至れり尽くせりで、先輩は元編集者の腕を活かして、機関誌編集に携わっているという。

つまり、施設といってもさまざまである。経済的余裕があれば、広い部屋を確保できるが、月の出費も比例してかかってくる。**私がざっと調べてみると、都内の場合、最低でも15万、高くなると30万の幅があった。**毎月の費用が高くない所は、人員や病の対処設備の整い方が低く、室内スペースもせまい。

母の施設は地方にあって、築40年、軽費であるので病気になったときに対処する設備はない。訪問での医療もなく、自分で診察や治療に通わねばならない。だが、食事は毎日全員が食堂で食べる。入浴日も決まっている。イベントが盛りだくさんで、必ず誰かが見守ってくれている。高齢の母がまあまあ生活していけるのも、こうした見守りと助けがあってなのだ。

しかし、一つ難点は、やはり室内空間がとてもせまいこと。6畳＋2畳ほどのキッチンだけで、6畳にベッドを置くと、残りの空間は床面積の30％もない。

もし私がここで生活するとなると、持ちモノは、衣類、寝具、筆記用具などだけにしなければならない。すでに90歳を過ぎている母はそれで充分だった。

つまり、施設入所を目指すには、トランク1個分ほどの荷物にする必要があると思った。

経済的に余裕のある人なら、広いスペースの施設に入所可能だが、普通は母のような施設になる可能性が高いだろう。究極に必要なモノに絞って、トランク1個分ほどにしなければいけない、というわけだ。

◆片づけは体力勝負だ

が、果たしてそこまで絞り込めるかどうか。片づけが行き着くかどうかだ。

それは、片づけは体力勝負だからである。

体力があるからこそモノの片づけができる。これからは体力も乏しくなるので、いままでのようには、すんなりとは進まないだろう。片づけては休み、休んでは片づけるとなると、どれくらいの時間がかかるかはわからない。

また、決断力も鈍っていくので、モノの要・不要を判断するのに時間もかかってくるのも問題だ。一つのスペースにかなりの時間を要することは、いまでも察しがつく。それなら、体力が少しは残っているいまのうちにもう一度片づけを徹底しておくのがいいかもしれない。

先はまだ長い、と思っているが、そのうち、そのうちと言っている間に、時はサァーっと過ぎていく。気がついたときには、体力は残っていないかもしれない。私の心づもりとしては、あと数年の間に最終片づけを終えたいのだが、そううまくはいかないかもしれない。

その理由は、いまでさえ薬剤師の仕事を終えた後、ぐったりと疲れて、食べることで精一杯という状態だからだ。この先5年もすると、もう仕事さえもこれまで通りとはいかないかもしれない。

こうしたことをつらつらと想像すると、いまのうちに片づけておくのがよさそう。最終章の最後をどこで終えるにしても、とりあえず、トランク1個分に近づくまでの片づけをしておきたい。

押入れなどのほかに、**私が特に力を入れて片づけなくてはいけないのが、食**

器、衣類、書籍だ。

片づけの順序としては、食器、押入れ、次がクローゼット、最後が書籍ということになろうか。しかし体力勝負となれば、書籍、食器、押入れ、クローゼットということになるかもしれない。

いずれにしても、早めに手をつけるが勝ちだ。時間は待ってはくれないのだ。これから仕事を続けるためにも、家中のモノをいまより減らし、絞っていくことだ。

◆衣類は4分の1、靴は2分の1に

最後にはトランク1個にしたいが、衣類などは本当に減らせるだろうか。自信がない。やっぱりいくつになってもおしゃれをしていたいと思うかもしれないし、施設に入れば、変な格好でもいられない。到底、トランク1個には収まらないかもしれない。

でも、手をつけなければ始まらない。衣類の老い支度から始めるとしよう。

幸いに、というかこの年で、体形がひどく変わった。お腹が出て、胸は落ち、お尻や太ももに肉がつき、これまでの体形が遠くなり、持っているパンツはほとんど着られなくなっていた。

あるときクローゼットを開け、明日着ていく衣類を選んでいたときのことだ。私の定番外出着は、ジャケットにパンツの組み合わせ。ジャケットを着てみると、腕が通りにくい。体重が増えたせいで、腕が太くなったようだ。

「えっ、まだ数回しか着てないのに、もう腕が通らないの？」ひとり言をブツブツと呟きながら、「じゃあ～パンツはどうなっているのかな？　はいてみようか」と着てみる。あれっ、お腹まわりが留まらない。５㎝以上も離れて閉まらないのである。これはダメだ！　驚いて、次々とパンツをはいてみる。案の定だ。お腹まわりが留まらなくなっている。なかには、一度もはいていないパンツもある。

ここが決断のときだ。**５㎝もお腹を引き締めるべく運動に専念できるか、それともあきらめて着ることを断念するか、二つに一つの道しかない。**

運動嫌いな私は、断念の道を選ぶ。そう、もう着ないとあきらめて結論を出す。そして、段ボールを用意して、その中に着られない衣類を次々と詰め込んだ。「ああ、もう少し早く運動に専念していたら、着られたかもしれないのに……無念！」と、衣類を詰め込んだ。

送り先はいつもの所である。前の仕事場に通う途中で発見したリサイクル店で、発見以来、食器からカーテン、靴まで、リサイクル可能なものは全てここに送っている。

その段ボール数、4箱になった。どれほど太ったかおわかり頂けると思うが、それまではキツキツでもがまんしながら着ていた。冬はコートを着るからなんとか誤魔化せるが、夏は身体の線が丸見えだから、どうしようもない。

送り先から、丁寧なお礼の電話がきた。「こんなにたくさんの衣類をありがとうございました」と。

おかげで、クローゼットはスッキリ。着られる衣類？　しか残ってない。ジャケットに合わせられるパンツはほとんどなくなり、外出着に困ることになった。でも、これまで余裕のあったパンツがピッタリとなったので、当分はこれで間に合わせよう。そのうち外出着もいらなくなるかもしれない。そのときは、そのとき。

衣類が着られなくなっているなどとは、思いもしなかった。ちょっと太ったという程度にしか考えていなかった。危ない！

できることを早めにしておかないと、番狂わせが起きるかもしれない。**季節が変わるときは、必ず全部着てみることにしよう。**

手放すときだったと思えば、納得もいく。それにクローゼット整理ができたのだ、これほど嬉しいことはない。できたらよしとすることだ。小さなできることを積み重ね、ラクで快適な暮らしへとシフトしていくことにしよう。

それでもまだ、衣類は残っている。引き出しにある普段着の綿セーター、カーディガンなどは、もはや着るチャンスすらなく、前回着たのはいつのことか忘れている。

次は、普段着の始末だ。いまの仕事着はジーンズで、普段着とも同じなので一石二鳥になった。たった引き出し一つ分だが、少しずつ進めなければトランク1個にはほど遠い。

老い支度は時間との勝負でもある。少しの時間を見つけて手を進めていくしかない。手をつけたおかげで、玄関脇のコート収納上の棚にあるマフラーやスカーフ、小さめのバッグなども見直せた。片づけてみたら、ほとんど使っていない、あるいは、もう使わなくなったマフラーがドッサリと始末できた。

そういえば、靴も一年は手をつけていない。ここも見直して片づけなければ……。

こうして徐々に、衣類は普段着も含めていまの4分の1にまで、靴は2分の1にまで絞っていきたい。

施設入所にあたっては、20～30着くらいにしておきたい。いまの調子でいけば、目標は達せられるような気がしている。欲をかかないようにして。

◆老人施設では本が置けない、さて。

誰の暮らしも、片づけ問題を一つや二つ抱えていて、私の場合はそれが書籍だ。

たとえば従弟は、巣立っていった娘たちが子どもの頃に使っていた道具類、机、寝具など、それと衣類が問題だという。知人は、家具、パソコン類だそうだ。母は華道の道具、作品類、それと先祖から引き継いだ食器類、什器類などだった。

私は、書籍だ。**本についてはいろいろと書いてきたのでおわかりと思うが、老い支度で私が一番困るのが書籍なのだ。**

老人施設への入居を考えたとき、私にとって問題なのは、どの施設でもそうだが書籍スペースがないことだ。

ダイニングやイベントスペースなどは広いのだが、図書館のようなスペースを作るゆとりなどない。だから、施設に入所するとなると、現在の自分の書籍をどうするか？　これが私の最大問題なのだ。

これから読み終わる予定の書籍は読み進めていかないと、とても施設への入所はできない。そうであるにもかかわらず、本屋に立ち寄ると、また欲が出て、読みたい本を買ってしまう。いまでも読み切れていないのに、イタチごっこである。時間が36時間あっても足りない。

書籍持参が叶わないなら、とにかく読み切る努力をセッセとしなければ、本に申し訳ない。購入した以上は、早めに読み切るに限る。肝に銘じよう。

◆最後の2冊は決まったけれど

書籍は、これまでにも大片づけをしたつもりだが、片づけと同時に新しく購入もしているから、なかなか減らない。購入をストップすればいいが、紙好きの私としては、本を読んでないと落ち着かない。ついネット書店を見てしまい、クリックする。あ、しまった！　と思ったときには、クリックを完了している。

これまでに片づけてきたといっても、20年以上前の資料をはじめ、読み終えた書籍とこれから読む書籍などが雑多に入り交じっていたのを、省き、整え、仕分けしたに過ぎない。一度の取捨選択で絞ってはみたが、資料価値があるかもしれないと手放せなかった書籍なども多く残ってしまった。

それらがいまだに手つかずの状態で、バラバラに収納されている。これが私の片づけ問題へと繋がっている。

少しずつ片づければいいのだが、目の前に山積みとなり足の踏み場がない状態にならないと、日常生活には支障がないため、片づけようか！　という気持ちにならないのだ。

支障がなければ片づけない、これが年を取ってからの片づけの重い腰になっている。

私はずっと以前から、施設入所にあたっては絶対に持って行きたい書籍を２冊決めている。私の考えを決定づけた、何があっても手放したくない書籍で、たった２冊だ。

もしかしたらそれ以外は手放しても支障はないかもしれないのに、読みかけだったり、これから読もうとしていたりと未練があるからだろうか。片づけに未練は禁物だ。でも、私は書籍にだけは、未練たらたらなのである……。

たぶん、目標冊数を決めないと減らす準備ができないのだと思う。

現在、正確には数えていないが資料も含めると、多分４００～５００冊くらいはある。これでいまの書棚は満杯状態だから、とりあえず半分の２００冊を目指して、空段を作るのを目指すことにしたい。

それを75、76歳くらいまでに終えておくと、あとは、未読・手元に置く・手放せないといった書籍を、その中から選ぶだけとなる。

いったん選んで絞っておけば、なんとかなる。たとえ人に頼むとしても、自分で付箋などをつければお願いもしやすい。まったく絞れていない中から選ぶのは大変で、時間も必要になる。

老い支度は、段階を踏まないと先には進めないようだ。

まずは現在の書籍数の半分を目指して、老い支度の準備だけでもしておきたい。

そのためのチェック項目を作ることにした。

①　3年の間一度も読みたいと思ったことがない

②　これまで本の存在を忘れていた

③　借りた本だった

④　未読だが今後読む気持ちはない

⑤　途中だが読書終了したい

これらのうち2〜3個チェックがついた本は手放す（③の場合は返す）ことにして見定めていきたい。

少しずつ時間を見つけて、1か所でも支度準備を整えていくしかないと思っている。30、40分でも、時間があれば手をつけていると進んでいくはずだ。

ぼ〜っとせずに取りかかろう！

ほかにも最終章に向けた老い支度を考えると、生活用品に悩むことが多い。たとえば、化粧品、薬、歯磨き用品、文房具、便箋や封筒、メガネや爪切りといった日常で使用しているモノ。

これらは今後の変化が激しいと思う。薬は、病が出てくれば増える可能性がある。反対に、化粧品は基礎だけになって少なくなるかもしれない。

基本的に、そのときになってみないとわからないモノである。いまからどうしようと言っても始まらないが、一応どうするつもりであるかだけでも、ハッキリさせておくことだ。

嫌な話になるが、ほとんどの老いを迎えた人たちに共通しているのは、オムツのお世話になることだ。オムツの種類も相当増加している。

自力で行けなくなるときは、人それぞれだが、必ずやってくる。あのかさばるモノを保管する場所も、確保する想定だけはしておこう。

ひとり暮らしの場合は、ケアマネジャーに頼むことになる。実際にはヘルパーさんにお願いするのだが、**それでも頼む前に自分の考えをシッカリと話しておかねばならない。**頼る人のいない場合の、これが最後のひとりの始末なのだと、私は思っている。

老い支度の片づけ、私の場合

① 衣類

・着用のタイミングで着てみてサイズが合わないものは即処分。

・全体量は現在の4分の1ほどに減らす。

② 食器

・10年くらい使っていない大物たちは思い切って処分する。

・使うと決めたものは後悔のないよう、いまのうちに思う存分使う。

③ 本

・現在の400～500冊からまずは100～200冊ほどに減らす。

・最終的に残す2冊は決めている(『沈黙の春』レイチェル・カーソン著、『人間の大地』犬養道子著)。

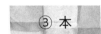

文庫版あとがき

人が暮らし、生きる一生の道のりは、登山に似ていると私は思う。目指す山が人それぞれなのはあたりまえだが、その登り方も人それぞれ。ただし、どの人にも言えるのが、登った山からは必ず下りるということだ。登った頂にそのまま居ることはできない。アクシデントを別にすれば、登れば必ず下りることになるのだ。

寿命90～１００年ともいわれる現代。90年の長い道のりで、人生の下りの時期といえば、それは定年65～70歳から後の老年期にあたる。その後、20～30年もの長い下り坂である。

登るときには体力・気力・集中力なども充実しているが、下りとなると、残り少ないだろう。

下り坂は、老いた身体にはちょっとキツイ。しかも下るのだから、次第に景色も美しさが乏しくなってくるだろう。膝、腰までガクガクとしてきそうだ。だが、ここから下りねば、一生は終えられない。

下り方も、登り方同様、人それぞれ。好き勝手に下りればいい。

現在、私は後期高年齢を過ぎ、下り坂の半分くらいまでたどり着いたところだろうか。下りる途中、母と、尊敬する師との別れを経験した。

その後、世界中に猛威をふるったコロナ禍に遭遇。私を含む多くの人々が、人とのつきあいや楽しみを奪われ、閉塞感に陥り、孤独を噛みしめたのではないだろうか。

私も、前にもまして友人との会合は減り、ひとり呑みもままならなくなり、老いの孤独を身に染みて感じたときでもあった。

だが、下りる歩みを止めることはなかった。ごく最近では、友人たちとの年数回の読書会を再開し、いままで読んだことのない分野の書籍に精を出している。

また、叶わぬ外出が機会となり、難題であった大規模な書籍整理も、時間をかけて徐々に敢行途中である。

もちろん、大好きな睡眠やデパ地下の探索は、休むことなくきままに続けているし、終盤の老いステージに向け、半歩ずつ下っているのが現状である。

いまより少し先に求める、集大成のやりたいことや夢に、人生の最終章を繋げる準備をしながら、現状のまわりの景色を眺めて大いに楽しみつつ、私は、いままさに山を下り続けている。

ひとりの人生の山の下り方、その有り様を、過ぎてきた時間に起こったことなどを新たに加え、ここに紹介してみた。

私と同様に下りている方、これから下りようとしている方の、参考になれば幸いである。

2022年　初秋　阿部絢子

本作品は小社より二〇一八年八月に刊行された
『ひとりサイズで、気ままに暮らす』を改題し、
再編集して文庫化したものです。

阿部絢子（あべ・あやこ）
1945年、新潟県生まれ。共立薬科大学卒業。
薬剤師の資格を持ち、洗剤メーカー勤務を経て、生活研究家・消費生活アドバイザーの経験を活かした、科学的かつ合理的、環境に配慮した生活全般にわたる提案をしている。また、世界各国の家庭にホームステイをし、その国の暮らし・家事・環境などを研究している。薬剤師として、現在も調剤薬局で働いている。
主な著書に『キッチンに一冊 食べものくすり箱』（講談社＋α文庫）、『「やさしくて小さな暮らし」を自分でつくる』（家の光協会）、『ぶらり、世界の家事探訪 ヨーロッパ編』『老親の家を片づける ついでにわが家も片づける』（大和書房）他多数。

だいわ文庫

ひとりサイズで、きままに暮《く》らす

著者 阿部《あべ》絢子《あやこ》

二〇二二年一二月一五日第一刷発行

発行者 佐藤 靖
発行所 大和《だいわ》書房
東京都文京区関口一―三三―四 〒一一二―〇〇一四
電話 〇三―三二〇三―四五一一

フォーマットデザイン 鈴木成一デザイン室
本文デザイン 高瀬はるか
本文イラスト 樋口たつ乃
本文印刷 信毎書籍印刷
カバー印刷 山一印刷
製本 ナショナル製本

ISBN978-4-479-32038-8
乱丁本・落丁本はお取り替えいたします。
https://www.daiwashobo.co.jp